小学数学教学方法创新研究

姜其华　著

吉林人民出版社

图书在版编目（CIP）数据

小学数学教学方法创新研究/姜其华著. --长春：吉林人民出版社，2024.5. --ISBN 978-7-206-21151-5

Ⅰ. G623.502

中国国家版本馆 CIP 数据核字第 2024DE6844 号

小学数学教学方法创新研究

XIAOXUE SHUXUE JIAOXUE FANGFA CHUANGXIN YANJIU

著　　者：姜其华
责任编辑：金　鑫
出版发行：吉林人民出版社（长春市人民大街 7548 号 邮政编码：130022）
印　　刷：唐山才智印刷有限公司
开　　本：787mm×1092mm　1/1
印　　张：10.75　　字　　数：144 千字
标准书号：ISBN 978-7-206-21151-5
版　　次：2025 年 6 月第 1 版　印　　次：2025 年 6 月第 1 次印刷
定　　价：68.00 元

前言

小学时期是学生正式学习数学的初始阶段，因此教师的教学方法一定要具有有效性和创新性。2022 版《义务教育数学课程标准》的相关要求指出，要坚持创新导向，凸显学生主体地位，关注学生个性化、多样化的学习和发展需求，增强课程适宜性，坚持与时俱进，反映经济社会发展新变化、科学技术进步新成果，更新课程内容，体现课程时代性；基于核心素养发展要求，遴选重要观念、主题内容和基础知识，设计课程内容，增强内容与育人目标的联系，优化内容组织形式，设立跨学科主题学习活动，加强学科间相互关联，带动课程综合化实施，强化实践性要求。

新课改的背景下，小学数学教学应根据学生的年龄特征与认知规律，适当采取螺旋式的方式，适当体现选择性，逐渐拓展和加深课程内容，适应学生发展的需求；小学数学教师要对传统的教学方法进行相应的创新，贯彻以生为本的教学理念，使用创新型的教学方法提高小学生在学习数学时的主观能动性，从而培养小学生的数学学习能力，并使其在有效的数学学习锻炼中得到综合性的发展。

本书从小学数学教学概述、小学数学课程研究、小学数学教学方式与设计、小学数学课堂教学过程创新、小学数学思想方法教学创新研究、基于情境模式的小学数学体验式教学方法创新研究、基于信息技术的小学数学教学方法创新研究等方面进行论述。本书深入浅出，简明清晰，旨在帮助读者掌握数学教学方法，增强数学教学效果，为学生和教师以及学生家长提供一些参考价值。

本书在撰写过程中参考、引用了大量的相关书籍，在此向其作者表示深深的感谢和敬意。限于经验和水平，书中疏漏欠妥之处在所难免，敬请读者批评指正。

目录

第一章　小学数学教学概述

第一节　小学数学教学的基础知识

一、小学数学的教学目标和过程

在数学教学法的体系中，教学目标是起决定作用的因素，它制约着内容、过程、方法和组织等其他因素。作为一个合格的小学数学教师、学科教学法或教育理论的研究工作者，首先应正确、全面地理解小学数学的教学目标。

（一）小学数学的教学目标

1. 数学的含义

数学是研究数量关系和空间形式的科学。数学可以分成两大类：一类是纯粹数学；另一类是应用数学。

纯粹数学也叫基础数学，专门研究数学本身的内部规律。中小学课本里介绍的代数、几何、微积分、概率论知识，都属于纯粹数学。纯粹数学的一个显著特点就是暂时撇开具体内容，以纯粹形式研究事物的数量关系和空间形式。例如研究梯形的面积计算公式，至于它是梯形稻田的面积，还是梯形机械零件的面积，都无关紧要，重要的是蕴含在这种几何图形中的数量关系。

应用数学是以数学为工具，探讨解决科学工程学和社会学方面的问题，是纯粹数学与科学技术、实际问题之间的桥梁。应用数学在21世纪主要是应用于两个领域：一个是计算机，随着计算机的飞速发展，需要一大批懂数学的软件工程师做相应的数据库开发；另一个是经济学，现在的经济学有很多都需要用非常专业的数学进行分析，应用数学有很多相关课程本身的设计就是以经济学实例为基础的。

2. 教学的含义

在中外教育史上，关于教学一词的用法很多。我国学者总结归纳出五种类型的教学含义：第一种是最广义的理解，教学等同于人的生活实践；第二种是广义的理解，教学是有计划、有目的的全面影响活动，等同于教育；第三种是狭义的理解，教学是教育的基本途径，主要是传授和学习知识技能，影响学生身心发展的教育活动；第四种是更狭义的理解，教学等同于技能训练；第五种是具体的理解，是指现实发生的具体的教学，如在学校里每天上课。由此可见，教学一词的含义和使用是非常广泛的，不同的场合，不同的情景，教学的含义也有所不同。

3. 小学数学教学的目标

小学数学教学的目标即培养每个公民应该具备的基本素养。小学数学教育是促进学生全面发展的重要组成部分，除了让学生掌握一定的数学基础知识，培养一定的数学能力外，还需要对学生进行思维能力教育。

(1) 学习数学基础知识

使学生理解和掌握必要的数学基础知识是小学数学教学的首要任务。小学数学中的概念、性质、法则、公式、数量关系和解题方法等基础的知识，是进一步学习的基础。就知识范围而言，包括数与代数的基础知识、图形与几何的基础知识以及统计与概率的基础知识。通过数与代数知识学习，使学生经历或体验日常生活中抽象出数的过程，理解数的意义，了解负数，认识分数和小数，理解分数、小数、百分数的意义；体会四则运算的意义，掌握必要的运算技能；在具体情境中，能进行简单估算，理解估算的意义；能用方程表示简单的数量关系，能解答简单的方程。通过图形与几何知识学习，使学生经历从实际物体中抽象出简单几何体和平面图形的过程，探索一些图形的形状、大小和位置关系，了解一些几何体和平面图形的基本特征；感受平移、旋转、轴对称现象，体验简单图形的运动过程；认识物体的相对位置，了解确定物体位置的一些基本方法；掌握初步测量、设图和画图的技能和方法。通过统计与概率知识的学习，使学生经历简单的数据收集、整理、分析的过程，了解简单的数据处理方法，掌握一些简单的数据处理技能；体验随机事件和事件发生的可能性。

(2) 发展学生的智力，培养学生的思维能力

第一，培养学生的基本运算能力。使学生能够正确、迅速地进行整数、小数、分数的四则计算是小学数学教学的一项重要任务。尽管随着计算机等工具的使用，教师对小学生的数学计算能力的要求在下降，但基本的运算能力仍然是小学数学教学的一个重要的能力目标，有助于小学生理解运算的算理，寻求合理简洁的运算途径来解决问题。

第二，培养学生初步的逻辑思维能力和推理能力。在培养学生初步的逻辑思维能力和推理能力方面，小学数学具有优越的条件。数学是用数量关系（包括空间形式）反映客观世界的一门学科，逻辑性强并且严密。每一个数学概念形成，数学方法获得，数学问题解决，都必须经过缜密的逻辑思维和推理过程。正是经历这样的过程，使得学生的思维能力得以锻炼和提高，同时，学生又可以运用已有的思维能力，解决更加复杂的问题，在这种螺旋式的发展过程中，学生的智力也得以开发。

第三，发展学生的数感、符号意识、空间观念、数据分析观念。建立数感有助于学生理解现实生活中数的意义，理解或表述具体情境中的数量关系；建立符号意识有助于学生理解符号的使用是数学表达和进行数学思考的重要形式。通过空间观念的大量积累，学生才有可能形成点、线、面、体的几何概念，形成初步的空间想象力，对现阶段和以后几何知识的学习都有重要的意义；通过数据分析体验随机性，一方面对于同样的事件每次收集到的数据可能不同，另一方面只要有足够的数据就可能从中发现规律。

(3) 开发非智力因素

人们形形色色、纷繁复杂的心理活动可以一分为二，即智力因素与

非智力因素。智力因素由观察力、记忆力、想象力、思维力与注意力五种基本因素组成；非智力因素包括的心理因素很多，主要是由动机、兴趣、情感、意志和性格五种基本因素组成。非智力因素对学生的素质发展起主导的作用。小学数学集知识性、审美性、逻辑性于一体，在开发学生的非智力因素方面具有不可替代的作用。知识性主要体现在解决实际问题上，小学生在日常生活中会碰到各种数学问题，对这些问题的解决能激发学生的求知欲，从而产生良好的学习动机；审美性，如数学语言与解题方法的简洁美，几何图形数字排列的对称美，数学结构与分式的统一美等，能够调动学生学习的积极性和主动性；逻辑性则要求对学生进行严格技能技巧训练，如仔细审题、认真计算、书写整洁、格式规范、自觉检验、按时完成、正视错误、主动改正、不怕挫折等良好的学习习惯，从而培养学生独立思考、克服困难的学习精神和处理问题的韧劲。

4. 启蒙辩证唯物主义的观点

对学生进行辩证唯物主义观点的教育例子很多。如通过学生实际操作、实例引进数学知识或实际应用，对学生进行实践第一的观点教育；通过多与少、加与减、已知与未知、精确与近似、直与曲……对学生进行矛盾对立统一的观点教育；通过概念与概念之间，性质与性质之间，概念、性质与法则之间，数与式，数与形，数、形、式与应用题之间存在着的内在联系，对学生进行对立统一、相互联系和发展观点的教育；通过四则运算、解答应用题和几何形体计算公式推导过程，对学生进行矛盾转化观点的教育。

（二）小学数学的教学过程

不同的教学思想和教学理论产生不同的教学过程，归纳起来，大致有认识说、特殊认识说、认识实践说、儿童发展说、认识发展说、双边活动说、多质说或复合说等几种有代表性的主张。

1. 小学数学教学过程的含义

由于教学的基本特性是育人。因此，教学过程主要是一个促使学生知识、能力、情感、态度和价值观全面和谐发展的过程。而作为一门特定的学科教学，小学数学教学必须充分体现小学数学的特点。小学数学教学过程是师生双方在教学目标指引下，以小学数学课程内容为学习载体，教学组织和引导学生系统地学习和掌握数学知识、发展数学能力、形成良好心理品质认识与发展相统一的活动过程。

2. 小学数学教学过程的本质

在小学数学教学的全过程中，学生是学习的主体，教师是组织者、引导者、合作者。据此，小学数学教学过程的本质从结构上讲，是一个以教师、学生、教材、教学目的和教学方法为基本要素的多维结构；从功能上讲，是一个教师引导学生掌握数学知识，发展数学能力，形成良好心理品质，认识与发展相统一的过程；从性质上讲，是一个有目的、有计划的师生相互作用的多边活动过程。

3. 小学数学教学过程的特征

教学过程既是一个特殊的认识过程，又是一个促进学生全面发展的过程，是认识与发展相统一的活动过程。其有以下四个显著的特征。

(1) 以发展初步逻辑思维能力为核心

任何一门学科的教学都是以促进学生知识、能力、情感和态度的全面发展为主要任务。小学数学学科的特点决定了小学生掌握数学基础知识与良好的数学能力密不可分，而空间观念、问题解决等能力的形成以初步的逻辑思维能力为基础。因此，小学数学教学过程是一个以发展初步逻辑思维能力为核心促进学生全面发展的过程。这是小学数学教学过程有别于其他学科教学过程的一个重要特征。

小学数学教学过程要求学生在掌握数学知识的基础上，提高计算能力、初步的逻辑思维能力、空间观念和创新意识、用所学的数学知识解决简单的实际问题的能力，培养良好的思想品德和个性心理品质，以促进素质的全面发展。例如，在教学内容的选择上，教师要选择那些具有现实性、趣味性和挑战性的教学材料，让学生了解数学的价值，增强应用数学解决实际问题的能力。此外，教师要鼓励学生运用多样化、个性化的学习方式获取数学知识。

(2) 以小学生为认识主体，以基本数量关系和空间形式为认识对象

小学数学教学过程的认识主体是小学生，他们的思维正处在以具体

形象思维为主要形式、以基本数量关系和空间形式为认识对象的阶段，认识主体和认识对象的特殊性决定了小学数学教学过程的特征。这要求教师在教学中必须加强实际操作和直观教学。

（3）以小学数学教材为中介

小学数学教材是数学知识的载体，是教学活动中教师与学生、学生与学生多边互动的中介。既是教师教的依据，又是学生学习的对象。在小学数学教学过程中，教师在教学中发挥主导作用，是教学过程的组织者、引导者与合作者，不仅决定着学生学的进程，还影响着学生学的方法。在教与学的相互作用中，教师通过有效手段和方法引导学生卓有成效地认识、理解、掌握教材内容，把教材的知识结构转化成自己的数学认知结构，从而使教师的教对学生的学产生积极的促进作用。

（4）形象思维与逻辑思维、合情推理与演绎推理相结合

小学生思维的特点是以具体的形象思维为主，并逐步向抽象逻辑思维过渡，而且这种抽象逻辑思维在很大程度上依赖于形象思维。小学生是小学数学教学过程中的主体，这个阶段的学生习惯于感受具体生动的事物，他们在学习过程中对于感性材料具有更多的依赖性，往往难以理解抽象概括的知识内容。但由于数学知识具有高度的抽象性和严密的逻辑性，小学生对于数学知识尚不具备直接的理解力。因此，在小学数学教学过程中，一方面教师要加强直观教学，借助充分的感知和丰富的表象来支撑学生的思维；另一方面教师要按照小学生认知发展的顺序和数学知识的逻辑顺序组织教学，注意形象思维与逻辑思维，将合情推理与演绎推理有机结合。例如，在解决数学问题时，教师既要借助线段图等直观教学手段使学生认识其中的数量关系，又要用分析与综合的方法去引导学生寻求解题的途径。

4. 小学数学教学过程的构成要素

小学数学教学过程是教师的教与学生的学的双边活动统一的过程。教师和学生是整个教学过程中的两个主要因素。又因为小学数学教学过程是使学生掌握知识技能、发展数学能力、形成科学态度并养成良好思

想品质的过程。所以，这一过程的进行必然利用一定的教学中介（如教学目的、教材、教学方法、教学手段等）。因此，教学中介也是小学数学教学过程的主要因素。教师、学生和教学中介是小学数学教学过程的三大要素。它们之间的内在联系和相互作用构成了一个完整的小学数学教学过程系统。小学数学教学过程不仅受到社会与时代的制约，而且受到数学学科特点的制约。

（1）教师

教师在整个小学数学教学过程中始终处于主导地位，是教学过程的组织者和调控者。小学数学教师是构成小学数学教学过程的一个核心要素，没有小学数学教师便没有小学数学教学过程。片面地强调学生的主体作用而忽视教师的主导作用，是对小学数学教学过程本质的一种歪曲。由此可见，小学数学教学过程的本质属性决定了教师在教学过程中的主导地位和作用，随着教学改革不断深入，这种作用将会越来越明显。

（2）学生

在小学数学教学过程中，虽然学生自身的年龄特点、认识水平和数学学科特点决定了他们的学习活动只有在教师的具体指导下才能进行，但是，教师的指导和帮助对他们来说归根结底只是一种外因。外因是变化的条件，内因是变化的依据，外因通过内因而起作用。因此，学生的发展最终要通过他们自身的主观努力才能实现，无论是数学知识掌握，还是数学能力和良好思想品质养成，都是在教师指导下学生自己主动学习的结果。

学生是学习的主体，教师是教学的组织者、引导者与合作者。教学活动就是在教师的引导下，学生通过观察、实验、猜测、验证、推理等活动，获得知识经验的过程，是师生互动、生生互动的合作过程。所以，我们必须改变传统的教学模式，将教师的“教”转变为学生的“学”，充分发挥学生的主体作用，让学生真正成为课堂的主人。

（3）教学中介

教学中介也称为教学资料或教学影响，是构成小学数学教学过程必不可少的一个基本要素。它是教学活动中教师作用于学生的全部信息，包括教学目标、教学内容、教学方法、教学手段、教学组织形式、教学环境等诸多因素。在诸多教学中介中，教学内容为重点。

二、小学数学的教学原则和教学组织

（一）小学数学的教学原则

教学原则是根据教育、教学目的，反映教学规律而制定的指导教学工作的基本要求。或者说教学原则是根据教学目的和对教学过程客观规律认识而制定的指导教学工作基本规则。依照这个定义，小学数学教学原则是根据小学数学教学目标，反映小学数学的教学规律而制定的指导小学数学教学工作的基本要求，或根据小学数学教学目标和对小学数学教学过程客观规律认识而制定的指导小学数学教学工作的基本规则。

1. 适用于小学数学的一般性教学原则

为解决小学数学的数学特征与教育特征而必须遵守的原则有：科学性与思想性相统一的原则；传授知识与培养能力相统一的原则。为解决小学数学教学内容与学生原有水平之间的矛盾关系而必须遵守的教学原则有：巩固性原则；统一要求与差别对待相结合的原则。为解决小学数学教师教与学生学习的矛盾关系而必须遵守的教学原则有：教师的主导作用与学生的主体地位相结合的原则。

（1）科学性与思想性相统一的原则

科学性是指教师要以科学的数学知识来武装学生。小学数学是以基础的数学知识作为教学内容的，它是经过实践检验的科学知识，具有数学所特有的精确严谨等特点。同时，小学数学的教学过程中应当结合教学内容，把现代数学的思想和方法渗透在数学教学之中，结合加与减、乘与除、正比例与反比例等内容的教学，使学生体会辩证的思想。

（2）传授知识和发展能力相统一的原则

小学数学的基础知识，包括数与代数、图形与几何、统计与概率的基本概念、公式、方法等，是小学数学教学的首要任务。小学生的数学能力一般包括了学生的计算能力、初步的逻辑思维能力、初步的空间观念以及运用数学解决简单的实际问题的能力。在知识和能力的关系中，知识是基础，各种能力都是在学习知识的过程中逐步培养起来的，而知识掌握受能力的制约，已经形成的数学能力反过来影响数学知识掌握程度（包括速度深度、灵活性等）。

（3）巩固性原则

要使小学生在较短的时间内，掌握数学知识，必须经过反复学习的过程，即巩固知识的过程。但需要明确，理解是巩固的前提。知识向技能巩固，首要前提是理解，只有理解了的东西才容易保持。如果只要求学生死记硬背，但并不懂得算，不理解其含义，不但掌握不了知识，还会抑制学生智力发展。损坏人的思维器官要比损坏人体其他任何器官容易得多，而治愈它却是困难的。当然，正常的记忆，在理解的基础上进行数学记忆，是小学数学教学的重要任务之一，如乘法口诀、数位顺序、运算定律、求积公式、常见的数量关系式等。同时，要有针对性地组织练习和复习。练习和复习在数学教学中有重要的作用，小学的任何一节课都离不开练习。但是，需要强调的是练习要有度，练习与复习要科学化，要讲求实效，盲目加大练习量企图达到巩固知识的做法是错误的，不仅会增加学生的学习负担，而且会扼杀学生学习数学的兴趣。

（4）统一要求和差别对待相结合的原则

义务教育的性质要求小学数学教学必须面向全体，但是教学过程中，教师必须承认并且面对学生的个别差异。贯彻这一原则的前提是了解每个学生，深入了解每个学生的知识基础、智力水平，每个学生擅长的学习方法，每个学生对数学学习的态度、兴趣、习惯以及每个学生的身心发展、家庭情况，这是教师教学中能够对学生统一要求和差别对待的基础。

集体数学与个别教学相结合。在掌握学生基本情况的前提下，处理好集体与个别教学的关系。要从本班学生的实际出发，确定教学进度，使大多数学生通过努力都能达到共同的基本要求。在数学过程的各环节中要兼顾个别。对学习有困难的学生，要热情关怀，循循善诱，增强他们的自信心，对于存在的知识缺陷给予必要的辅导，帮助他们逐步达到基本要求；对学有余力的学生，要创造条件予以满足，适当扩大他们的知识面，可以让他们多做一些综合运用知识的和富有思考性的题目，提高其数学能力。

（5）教师的主导作用和学生的主体地位相结合的原则

教学活动是师生积极参与、交往互动、共同发展的过程。教师的主导作用体现在贯彻教育方针、执行教学计划、落实教学大纲、确定教学要求、选择教学方法和组织教学活动等方面。但学生不仅是施教的对象，更是学习的主体，他们不是消极地、被动地接受知识，而是随着教师积极地做出自我调整和控制。有效的数学教学活动是教师教与学生学的统一。贯彻这一原则，要认识到学生是数学学习的主体。学生获得知识，必须建立在自己思考的基础上，可以通过接受学习的方式，也可以通过自主探索等方式。教师是学生学习活动的组织者、引导者、合作者。教师的组织作用主要体现在以下两个方面。

第一，教师应当准确把握教学内容的实质和学生的实际情况，确定合理的教学目标，设计一个好的教学方案。

第二，在教学活动中，教师要选择适当的教学方式，因势利导、适时调控，努力营造师生互动、生生互动、生动活泼的课堂氛围，形成有效的学习活动。

教师的引导作用主要体现在：通过恰当的问题，或者准确、清晰、富有启发性的讲授，引导学生积极思考、求知求真，激发学生的好奇心；通过归纳和示范，使学生理解知识、掌握技能、积累经验、感悟思想；能关注学生的差异，用不同层次的问题或教学手段，引导每一个学生都能积极参与学习活动，提高教学活动的针对性和有效性。教师与学生的合作主要体现在：教师以平等、尊重的态度鼓励学生积极参与教学活动，启发学生共同探索，与学生一起感受成功和挫折、分享发现和成果。

2. 小学数学的特殊教学原则

根据小学数学学科的特点，小学数学教学与其他学科的教学相比，有其自身的特征。针对小学生学习数学的特殊过程，为解决小学数学教学中存在的基本矛盾，制定的小学数学教学的特殊原则主要有：抽象性与现实性相结合的原则；严谨性与量力性相结合的原则。

(1) 抽象性与现实性相结合的原则

数学具有高度的抽象性和严谨的逻辑性，小学数学教学应当与实际生活密切地联系起来，使数学成为小学生看得见、摸得着、用得上的科学，可以帮助学生掌握数学基础知识，提高分析问题和解决简单的实际问题的能力。贯彻这一原则需要做到以下两方面。

第一，数学概念的引入应从小学生的生活实际出发。小学数学的内容很多都和生活实际有着密切的联系。例如，学习小数的意义就可以从认识商品的标价开始；认识百分数可以从打折信息开始；认识圆的特征可以从认识汽车轮胎开始；认识比例尺可以从学生自己的照片开始，引出绘制地图，引出比例尺的概念。

第二，引导学生发现数学知识在日常生活中的应用。介绍数学知识在日常生活中的应用是联系实际的另一个方面。联系实际要由近及远，由小到大。从联系儿童生活实际开始，随着年龄和知识增长，逐步扩大范围。比如学习百分数，可以介绍其在商场中的商品打折信息、银行中的利息、政府部门的税收等；学习位置，可以引导学生发现教师在学校中的位置、自己家与学校的位置等；学习可能性，可以让学生推测下雨、下雪的可能性，这次考试成绩比上次好的可能性等。要让学生感到生活周围处处都有数学，把数学作为观察周围事物的工具，逐步培养解决简单实际问题的能力。

(2) 严谨性与量力性相结合的原则

严谨性是数学的基本特点。所谓数学的严谨性，就是指对数学结论的叙述必须精确，结论的论证必须严格、周密，整个数学内容被组织成一个严谨的逻辑系统。而所谓量力性，是针对数学教学的对象而提出的，它要求教师应充分考虑到学生思维发展的水平、理解的程度和接受的能力来组织教学，既不能要求过高，也不能要求过低，要使所授的知识可以让学生接受。

贯彻这一原则，需要注意：

第一，认真钻研课程标准、教材，明确把握教材的严谨性要求。一般来说，课程标准、教材对各部分的数学内容都有明确的要求，虽然对其严谨性没有明确指出，但通过分析思考课程标准、教材对各内容要求的深浅度，就可以把握其严谨性要求的高低。

第二，研究学生。平时要在研究学生的年龄特点、个性特点、智力、能力水平等方面下功夫。如果教师对学生的能力水平等问题估计不准确，就不可能贯彻好严谨性和量力性的原则。

第三，逐步体现严谨性。在具体的概念和定理等内容的教学中，不要一下子和盘托出所要学习的概念和定理等全部内容，要体现出逐层逐步严谨的过程。例如，在教授分数的概念时，不是一开始就告诉学生分子、分母的定义，而是让学生通过分、折、数等操作，慢慢体会分子和分母的含义。

第四，有意识地培养学生良好的思维习惯。在教学中，要有意识地逐步培养学生言必有据、思考缜密、思路清晰的思维习惯。所谓言必有据，即要求教师无论在计算、推导、论证中，每一步过程都要有根有据，这些根据即是所学过的概念原理等。所谓思考缜密，就是考虑问题要全面、周密、准确，不能有漏洞。所谓思路清晰，就是要求学生对解决一个问题要分几个步骤才能完成、要从几个方面进行思考、要分几类情形进行讨论、要从几个侧面进行分析等都要心中有数，有条不紊。

（二）小学数学教学组织

教学是一个复杂的动态系统，这个系统中有各种构成要素，如教师、学生、教材、教学方法、教学手段等。如何将它们组成最佳的结构，充分发挥各自的作用和整体功能，提高教学效能，是研究教学组织的主要任务。教学工作的基本环节包括备课、上课、作业的布置与批改、课外辅导及学业成绩的检查与评定。学业成绩的检查与评定是教学工作中不可缺少的重要环节，是诊断学生的学习状况和教师教学效果、调控教学进程的重要手段。

综合来说，教学工作包含多个不同的环节，每个环节都有不可替代的作用。各个环节是相互联系、相互促进的，只有充分发挥每个环节的作用，才能整体优化教学工作，全面提高教学质量。

1. 教学组织形式的含义

简单地说，教学组织形式是教师在教学中把学生有效地组织起来开展教学活动的方式。从专业的角度来说，教学组织形式是指为完成特定的教学任务，教师和学生按一定要求组合起来进行活动的结构，或是师生的共同活动在人员、程序、时空关系上的组合形式。教学组织形式是教学过程的重要组成部分。教学组织形式体现出教师对学生的学习活动所进行的严密的组织，与教师的教学活动是紧密联系的。教学组织形式可以是全班教学、小组教学，也可以是个别教学。

2. 教学组织形式的特点

教学组织形式具有以下三个特点。

第一，从表现在外部的职能特点来看，教师与学生都要服从一定的教学程序，如小组或个人完成教师布置的作业等。

第二，教学的组织形式应该服从作息时间与规章制度。例如，每节课的时间是40分钟；学生人数可以固定，也可以经常变动。

第三，教师和学生的相互配合是通过直接或间接地接触实现的。

3. 小学数学教学组织形式包括的内容

(1) 创设良好的课堂氛围

课堂氛围是学生在课堂教学过程中情绪、情感和心理活动状态的表现。教学过程不仅是知识的传递过程，还是师生间情感交流的过程。因此，创设一个愉快、民主、平等、和谐、合作的良好课堂氛围是课堂教学组织的关键，只有教师创设了良好的课堂氛围，才会形成一个具有感染力的、催人向上的教学情境，才能使学生受到熏陶，从而全身心地投入学习之中，取得最佳的学习效果。这正是古人所说的“亲其师，信其道”的道理。当然，良好的课堂氛围形成受到诸多因素的制约，如教师修养、教学思想方法、师生关系及教学环境等。

（2）及时反馈教学信息

反馈的目的是调控并组织教学过程，所以教师必须弄清学生出现问题的症结和原因，弄清学生是否真懂。当学生回答不出问题时，教师要让他们体面地坐下，使他们获得应有的尊重。教师对从学生中得到的反馈信息要及时评价，而且这种评价要成为激励学生求知上进、积极听课的动力，只有这样才能真正提高课堂教学的质量。

（3）合理控制教学时间

课堂教学组织必须合理科学地分配和控制每个教学环节所需要的时间，让分散的局部时间成为一个科学高效的整体，使教师能够在有限的教学时间内突出重点，突破难点，完整而有效地达到教学目标。为此，教师要注意以下三点。

第一，做好课前准备。课前，教师要认真备课，精心设计教学过程。教学过程要环环相扣，不浪费时间；要大致分配好各个教学环节的教学时间，既不要前紧后松，也不要前松后紧。

第二，把握新知识的最佳教学时间。因为小学生的注意力不能持久，所以，教师要把重点内容安排在最佳教学时间内。

第三，掌握课堂教学节奏。节奏是指课堂教学进程中的快慢、缓急、张弛等。例如，教学过程中师生的双边活动有时是轻松的对答，有时是学生对教师提出的一连串问题进行紧张地思考后作答，有时是学生无拘无束地自由发问等，这些都是课堂教学节奏的表现。无疑，好的课堂教学节奏对形成良好的课堂教学组织是十分必要的，教师要根据学生的学习规律、课堂的教学结构和学生在教学中的反应来掌握和调整教学节奏。

（4）灵活处理课堂生成

教学方案是教师对教学过程的预设，它的形成依赖于教师对学生的了解、对教材的理解和再创造。不论预设如何周密，在教学方案的实施过程中，即在课堂教学中，由于师生的互动，往往会生成一些新的教学资源或出现课堂偶发事件，这就要求教师及时把握，因势利导，灵活处理课堂上的各种偶发事件，使教学过程得以顺利进行。

第一，处理课堂生成或偶发事件的方法。在小学数学课堂教学中，教师处理课堂生成或偶发事件的常用方法如下：

一是化解法。针对学生情绪异常、教师操作或讲解失误及外来因素干扰等偶发事件，教师可采取比喻、夸张、双关、模拟等手段，用风趣幽默的语言予以化解。这可以使师生感情融洽如常。

二是讨论法。针对学生出乎意料的答问、教师编错题或解错题等偶发事件，教师可采取共同探究的办法。这可以使学生积极思考，师生相互启发，并能为教师赢得思考的时间。

三是转移法。针对教师的教学失误等偶发事件，教师可围绕教学目标和教学内容，把偶发事件所蕴含的情境或材料很自然地引入教学中。这可以使学生将注意从偶发事件无意识地转移到学习上来。

四是置换法。当教师在教学上出现了失误，学生发现了而教师自己却一时找不到失误点时，教师可采取角色互换的办法来解决，这可以使教师很自然地从失误中走出来。

五是延缓法。针对学生突然提出一个与教学无关的问题或所提的问题当堂解决必定影响预定的教学任务完成时，教师可采取课堂回避、课后探究的办法。这可以使课堂教学顺利进行。

以上所述只是处理课堂生成或偶发事件的几种常见的方法和技巧，面对教学过程中的课堂生成或偶发事件，教师怎样处理最合适要靠教师临场发挥。

第二，处理课堂生成或偶发事件的原则。处理课堂生成或偶发事件除应遵循教学过程的一般原则外，还必须遵循五条原则。

目的性原则：课堂教学的目的性是指课堂教学要有一定的教学任务和明确的教学目标，在处理课堂生成或偶发事件时必须围绕教学目标来应变。教师要针对教学内容的实际、学生的年龄特点和知识水平来开展工作，任何抛开教学目标的应变都是毫无意义的，这是一条根本的原则。

教育性原则：教学活动必须具有教育性，课堂上教师的一言一行、举手投足都是教育信息，都会对学生产生影响。因此，教师处理课堂生成或偶发事件时也必须有利于教育方针贯彻，有利于教书育人实施，有利于思想品德教育和智能启发。教师的语言要文雅、纯洁；教育学生时，教师应尊重学生，不讽刺、挖苦学生；教学语言要富有哲理性，通过哲理性的语言启发学生思考，引起学生反思，从而教育学生。

情感性原则：情感性原则是指教师的教学语言要饱含对学生的深厚情感，教学语言所含的情感必须是教师真实情感的流露。教师在处理各种课堂生成或偶发事件时，要注意创设一个和谐、宽松的气氛，既要使学生得到教育，受到启发，又要有助于沟通师生的情感。

及时性原则：教学进程是一个信息流量较大、信息复杂且传输媒体多样的有序动态过程，任何一个教学环节出现了问题，都会直接或间接地影响其他教学环节。因此，教师必须对教学进程中所出现的课堂生成或偶发事件及时地做出反应。

协调性原则：教师处理课堂生成或偶发事件已构成了教学过程中的一个临时环节，教师要使这一环节与前后的教学过程有机衔接，协调一致。总之，处理课堂生成或偶发事件绝不是随心所欲就能奏效的。教师必须妥善地处理课堂生成或偶发事件，否则，无法保证教学顺利进行。

第二节　小学数学“教”与“学”的基础理论

一、小学生数学学习认知特点和基本方式

为了让学生在小学阶段能获得适应未来社会生活和发展能力所必需的数学知识、技能、思想方法和解决实际问题的能力，教师必须充分了解小学生数学学习认知特点和基本方式，才能发挥引导者的作用，施以最合适的教学技能，正所谓“教人者必先知人，知人者必先知心”。

（一）小学生数学学习的内涵及认知特点

小学生数学学习是一种特殊的学习活动，是指小学生在教师指导下，按照国家数学课程标准要求，根据小学数学课程提供的信息资源和学习线索有计划、有步骤地掌握数学知识技能，促进自身数学知识经验、能力和情感态度持久变化的活动过程。小学数学认知过程是数学学习的过程，其实质就是数学思维活动的过程。小学生的数学认知就是主体通过对数学教材内容、数学知识运用感知、学习、分析、综合、概括等思维、方法去实现对抽象的数学知识理解、掌握，同时能运用到生活中的过程。在这个数学思维过程中，学生要将新的学习内容与原有的数学认知结构相互作用，从而形成新的认知结构。根据小学生已有的认知水平，可以看出小学生数学认知有以下特点。

1. 顺序性

小学生对数学内容的认知一般都会经过感知、表象、符号三个连续的阶段。感知是认知的前提，小学生的形象思维大于逻辑思维，因而先要对数学知识进行感受和体验，知道这是什么，才会去进行下一步的记忆、思考。初步感知后进入表象阶段，即学生头脑里保存客观事物的具体形象。比如，学生对整数认识之后，记住了它，进而才会对这个整数进行理解，去掌握和运用它，由此便进入符号阶段，即学生将头脑里所获得的表象进行加工提炼，把感性认识上升为理性认识。其实这就是学生将知识内化为一种认知的过程，这种过程是不可颠倒的，小学生在学习抽象数学知识时需要遵循这个一般普遍的顺序规律。

2. 发展性

小学生数学学习经历从低级向高级发展的过程，他们的数学思维会从最初的具体形象思维向逻辑抽象思维发展，根据数学知识渐进性，小学生数学认知会从未知到已知，从现象到本质，一直向前发展。如低学段学习整数的加减法、乘除法；中学段学习整数混合运算和小数加减法；高学段则学习小数乘除法和分数混合运算。

3. 反复性

小学生的认知具有不稳定性，需要多次、反复认识才能获得对事物的理解。在学习数学的过程中，对数学的认知过程是一个不断发展的过程，要经过多次反复训练才会渐渐形成稳定的数学认知。所以在数学教学中，课堂练习至关重要，课后巩固也相当关键。

（二）小学生数学认知的基本方式

小学生数学认知的基本方式主要为同化和顺应，他们通过这两种方式去建构自己的认知结构。

1. 同化

在小学数学学习中，同化是指学生在学习中将新的数学知识直接纳入原有认知结构，扩大原有认知结构，使数学认知结构发生变化的过程。例如，小学生学习了整数的乘法运算后，再学习分数的乘法运算时，他们就可用整数乘法的运算意义来理解分数乘法运算的意义。从同化的意义不难看出，同化学习的必要条件是所学习的新知识与原有认知结构中的有关内容相联系，即原有认知结构中有能同化新知识的旧知识。在实际运用中，同化可以分为以下几种类型。

（1）下位学习

下位学习又称归属学习，是指将学生认知结构中的数学知识在包摄性和概括水平上高于所要学习的新知识，把新的数学知识直接归属到原有认知结构的适当部位，使新、旧知识相互联系的学习过程。如学生掌握小数的概念之后再学习循环小数概念的过程就是一个下位学习的过程，因为循环小数是小数的一部分，它直接可以归于小数的概念。下位学习的学习效果取决于学生对认知结构中具有上位作用的原有知识的掌握水平。如果学生对小数概念掌握得好，那么他们对循环小数的学习就更容易掌握；反之，如果学生没有弄清楚小数的概念，那么他们对循环小数就难以有深刻的理解。

（2）上位学习

上位学习又称归总学习，是指学生在掌握几个概念或命题后，进一步学习一个包摄性和概括化水平更高的概念或命题的过程。如学生在一至三年级学习整数的加、减、乘、除运算法则；四年级学习四则混合运算的法则。四则混合运算法则比单独的加、减、乘、除运算法则的包摄性更高，所以是上位学习。上位学习不仅要求学生认知结构中的原有内容，而且要求新、旧知识之间具有直接联系，如平行四边形与长方形之间就构成上位学习关系，而平行四边形和三角形则不能构成上位学习关系。

(3) 组合学习

组合学习又称联合学习，是指所学新知识与学生认知结构中的原有知识既不能形成下位学习关系又不能形成上位学习关系，但在学习中把它们合理地组合起来可能产生某种新的意义的学习过程。如分数与除法二者谁也不能包含谁，但它们联合起来却能产生新的意义——分数与除法的关系，这里对分数与除法关系的学习来说就是一种组合学习。组合学习必须具备两个条件：一是学习的新知识本身必须具有逻辑意义；二是用于组合的原有知识之间要具备产生新意的要素。

2. 顺应

顺应是指某些新的数学知识不能直接同化到学生原有认知结构中去，必须适当调整或改造学生原有认知结构使其适应新知识学习，在此基础上将新知识纳入改造后的认知结构中去，从而建立新的认知结构的过程，简言之，顺应就是改造原有认知结构而建立新的数学认知结构的过程。例如，学生在掌握了常数运算后，引入方程运算，但方程中的未知数是一个常量，由于之前学生的运算活动中没有接触过未知数运算，因此，学生必须改变原来的认知结构，将常数运算的认知结构改变为常量运算的认知结构，才能理解方程的意义。

在数学学习中，学生一般通过这两种途径来实现顺应：一是调整；二是并列。调整就是改变原有认知结构的组织形式，或赋予原有认知结构中某些观念以新的意义，使之与新知识相适应，并以此为固定点接纳新知识。例如，在列方程解决问题的学习中，就可以把未知数“X”赋予和已知数同等的地位参与列式和运算。这种调整使学生的认知结构主动适应列方程解决问题的学习。并列就是赋予新知识和认知结构中某些原有观念以一定意义的外在联系，并把新知识和旧知识连接成一定的结构。如学习小数除法时，要把之前整数除法采用列竖式计算时所学的知识作为基础，再学习新方法；被除数与除数的小数点都要向右移动相同的位数，直到除数与被除数都是整数才能进行列竖式计算。

在小学数学学习中，同化和顺应总是相辅相成的，一方面在改造新的数学知识内容的同时学生也必须适当调整自己原有的认知结构，使新知识与原有的认知结构更加吻合；另一方面学生在调整原有认知结构的同时，也总是要对新的数学知识做适当改造，将其内容改造成更利于接纳的形式，从而保证原有认知结构与新的数学知识之间的相互适应。

（三）小学数学学习分类

小学数学学习一般分为数学概念学习和数学命题学习。

1. 数学概念学习

(1) 数学概念学习的内涵

数学概念学习指学生认知、理解同类数量关系或空间形式的共同特征的心理过程。

在小学阶段，数学概念一般由名称、例证、特征、定义基本成分构成。

第一，名称。名称就是用名词或符号来给概念命名。如正方形、长方形、三角形、自然数、整数、小数等就分别是一些具体数学概念的特点名称。

第二，例证。例证是指能反映一类数学对象本质属性的具体事物，它分为肯定例证和否定例证。一切包含有概念的共同关键特征的事物概念叫肯定例证，反之就是概念的否定例证。

第三，特征。特征主要指能反映概念本质属性的关键标志。如“含有未知数的等式”就是方程的关键标志或者特征，其他如用什么字母表示未知数，未知数在方程中所处的位置都是无关标志或者特征。

第四，定义。定义就是用特定的词语（或符号）对数学概念的内涵做出科学的规定。如“在同一平面内永不相交的两条直线叫作平行线”就是平行线的定义。小学低年级有许多概念（小数、圆等）教材并没有给出明确的定义，而是通过给出概念的一系列正反的例证，从中概括出这些概念的共同属性和名称，让学生从中获得初级概念。这并不是因为这些概念本身没有定义，而是教材编写者为了解决数学概念的抽象性与学生思维的具体性之间的矛盾而采取的特殊方法。

（2）小学生数学概念学习的基本方式

小学阶段，数学概念学习主要通过数学概念形成和数学概念同化两种认知方式进行。

第一，数学概念形成。数学概念形成指学生依据直接经验，从大量的具体例子出发，在数学概念的具体例证中通过归纳总结出一类数量关系或空间形式的共同属性，从而获得初级概念，并把概念的本质属性推广到同类事物中的过程。这种方式不仅是小学低年级学生学习数学概念的主要途径，也是高年级学生掌握某些抽象事物的重要途径。

第二，数学概念同化。所谓的数学概念同化就是指学生利用头脑里已有的数学概念，以定义的方式直接揭示新概念的本质属性，从而获得二级概念的过程。这种认知方式一般在小学高年级比较普遍。如学习“方程的解”这一概念时，因为学生的认知结构里已有了方程、未知数和未知数的值等相关概念，所以学习时便可以直接通过定义揭示其本质属性，并将这一概念作为一个受条件限制（使方程左右两边相等）的特殊的未知数的值，纳入原有的有关“未知数的值”的认知结构中去。小学阶段概念形成和概念同化是相辅相成、有机结合的。

2. 数学命题学习

数学命题学习是小学数学学习中较高层次的学习，是学好小学数学的关键。命题是对客观世界数量关系和空间形式及其计算规律的概括与总结，或是对有关计算过程具体实施细则的具体规定。如运算定律和性质、面积计算公式等。对这些内容的学习，我们称为数学命题学习。由于数学命题学习反映的是几个数学概念之间的关系，因此它们的学习层次和复杂程度都高于概念学习。数学命题学习和掌握的关键是获得数学概念学习之间关系的理解，而数学概念学习之间的各种关系的理解又依赖于新命题和原有认知结构中有关知识的联系。由于新命题和原有认知结构中有关知识的关系可分为归属学习、归总学习和并列学习三种关系，所以数学命题学习也可分为以下三种基本形式。

(1) 归属学习

如果学习者原有认知结构在概括层次上高于所学新命题的知识，那么新命题和原有认知结构的关系就构成归属关系，利用这种关系获得的数学命题的学习形式称为归属学习。如我们在学习了平行四边形面积公式后，再学习梯形面积公式时，便可以通过制补、拼合把梯形转化为平行四边形，从而得出其面积计算公式。很明显，梯形面积的计算方法就可以通过归属学习形式去掌握。

(2) 归总学习

通过对原有认知结构中有关内容的归纳和综合，概括出新的数学命题的学习方式称为归总学习。

归总学习在小学数学学习中有着非常广泛的运用。概括运算定律和性质、总结运算法则、建立概括层次较高的计算公式等通常都要采用归总学习。归总学习从认知方式来看，主要依靠的是顺应，它只有通过改造原有的认知结构才能获得新命题的意义。因此一般来讲，归总学习比归属学习更困难。

(3) 并列学习

利用所学数学命题的原有认知结构中有关知识之间的并列关系，通过类比掌握数学命题的学习形式叫作并列学习。并列学习所采用的思维方式主要是类比，其关键在于寻找新命题与原有认知结构中有关法则、规律、性质的联系，在分析这种联系的基础上通过类比实现对新命题的理解和掌握。在小学数学学习中并列学习也有十分广泛的运用，如在学习分数的基本性质时，就需要联系“商不变性质”来掌握分数的基本性质，在命题学习中，这三者之间并不是彼此孤立的，它们之间有着密切的联系。这种联系常常体现在同一数学命题的学习中，只是某些数学命题以归属学习为主，而某些数学命题以归总学习或并列学习为主。在实际教学中，要注意引导学生根据具体情况灵活运用几种学习形式，从而促进他们对数学命题的理解与掌握。

二、学习理论对小学数学学习的影响

数学学习是一个具有抽象性和逻辑性的过程，在对小学数学学习的研究上就必然以学习理论为指导。这里主要阐述行为主义、认知主义、建构主义、人本主义几种学习理论及其对小学数学学习的影响。

（一）行为主义学习理论及其对小学数学学习的影响

行为主义产生于20世纪初的美国，是在美国进行的一场心理学革命。行为主义反对传统心理学的观点，重视对人的行为进行研究，同时主张心理学不应只是研究人脑中的意识，而应去研究那种从人的意识中折射出来的人的行为。该理论认为，具体的行为反应取决于具体的刺激强度，因此，他们把刺激—反应作为解释人的一切行为的公式。

1. 桑代克的试误论

在行为主义学习理论中对小学数学学习产生影响的比较典型的理论是桑代克的试误论。

桑代克通过动物迷箱实验，提出了“刺激—反应”联结学说。他认为动物在这个不断地“刺激—反应”的试误过程中，可以表现出一种理智和创造性的行为，而人类学习也是在这种无意识下形成“刺激—反应”的联结过程。也就是在学习中，学习者对情境所引起的反应又是学习者在情境过程中不断尝试错误和改正错误的结果。在数学学习中，桑代克就主张用训练和练习的方式学习数学，即在不断训练、练习的过程中让学生不断尝试错误、改正错误。同时他还经过长期的实验研究和理论分析，提出了三条基本的学习律，即准备律、练习律、效果律。

第一，准备律。桑代克认为学习者是否会产生学习的动机，完全跟学生是否做好准备有关。例如，当学生被要求解答“6＋7”这样一个式子时，学生可回答“13”“42”。如果在学生回答“13”时给予强化，那学生很快就习得了做加法的准备或心理定式。由此，对于学习准备本身来说，也可以是在学习情境中所获得的。

第二，练习律。练习律是指反应重复的次数越多，“刺激—反应”之间的联结便越牢固。它主要包括使用律和失用律两种形式。桑代克认为一个已经形成的可变联结，如加以应用，力量则会变强，就是使用律；如不加以应用，力量变弱，就是失用律。在数学学习中，教师讲解完某一定理或概念时，就要适当地安排一些练习，反复训练，使学生能更好地理解和掌握这一概念定理。

第三，效果律。效果律是三大基本学习律中最核心的部分。在后来，桑代克把准备律和练习律都归为效果律的从属原则。效果律主要是指当反应对环境产生某种效果时，学习才会发生。凡是带来满意结果的行为会被加强，而导致烦恼不如意时，行为就会被削弱。效果律也包括正强化律和负强化律，即奖励和惩罚都可以用来控制行为，不过后来桑代克进行了修改，认为从效果看，赏罚不能等同，赏比罚力度更大，由此发现效果扩散律，也就是奖励不仅增加了受奖反应的重复率，还能增加邻近反应的重复率。在数学学习中，当学生能正确作答时，教师应及时给予肯定，增加学生成功的体验。如果学生不能很好地解决问题时，也不要盲目地指责和批评，要帮助学生一起找失败的原因，给予鼓励，增强学生的信心。

桑代克的学习理论多出自动物实验，由动物推及人类，因而这种理论存在机械主义倾向，忽视了人类学习的主观能动性。但是他的学习理论对小学数学学习还是有一定的指导意义。试误论就是让小学生的数学学习有一定的尝试错误的过程，不过是有目的、有意识的。比如，小学生在做数字魔方填写时，不会一次就完全正确，在这个过程中，学生会用许多数字去试填，失败了就继续换，直到填写正确，把数字魔方完整地填写出来。其实这种尝试错误的学习方法，不仅获得了问题解答，而且也能从中得到解决问题的经验。当然不是每个数学题都会用到不断尝试错误的方法，它也有一定的局限性。除此之外，效果律对于培养学生学习情绪，引发学生学习动机是有积极意义的；练习律在概念、法则、原理学习后强调练习、训练等方面也是值得借鉴的。

2. 斯金纳的强化学习理论

无论是桑代克的试误理论，还是巴甫洛夫的经典条件反射理论都曾提到过强化，但是真正对强化进行全面系统研究的则是斯金纳。斯金纳认为，任何能够提高一个特定反应出现概率的事物就是强化，强化在有机体条件反应的形成中起着关键作用，强化决定了动物的行为是否会发生变化，新的行为模式要练习多次才能形成，以及形成后能保持多久。强化是斯金纳学习理论的核心概念。

强化按其形式分，可以分为正强化和负强化。正强化又称积极强化，是一种积极的刺激，它跟随在有机体行为之后出现，能够提高该行为再次出现的概率。用作正强化的刺激物有食物、水、表扬等。简单地说，正强化就是通过给予正面强化物，引起积极行为增加的频率。在学校中，正强化表现为教师对学生良好的行为给予及时表扬，鼓励学生继续努力，奋勇向前，这些行为会进一步促进学生的学习，促进学生良好行为习惯的养成。负强化又称消极强化。负强化也是一种刺激，它的出现可以终止某种行为。负强化是通过对正面强化物剥夺，引起积极行为增加。或者说，负强化就是对不良行为给予否定。

正强化是用于加强所期望的个人行为，负强化是为了减少和消除不期望发生的行为，这两种强化的类型相互联系，相辅相成，构成了强化的体系。

斯金纳的强化理论虽然存在一定的片面性，但是对小学数学学习还是有一定的影响。数学课堂上，教师采取有效的奖惩措施，可以激发学生对数学学习的兴趣，让学生爱上数学，提高数学学习成绩，并且促进他们身心全面、和谐、健康发展。教师在进行学生管理时，也可运用不同的强化手段和方法，因材施教，以便达到学生管理的最高境界。

（二）认知主义学习理论及其对小学数学学习的影响

认知主义学习理论与行为主义学习理论相对立，源自格式塔学派的认知主义学习理论。20 世纪五六十年代中期之后，随着皮亚杰、布鲁纳、奥苏伯尔等一批认知心理学家大量的创造性工作，使学习理论的研究进入了一个辉煌时期。他们认为，学习就是面对当前的问题情境，在内心经过积极地组织，从而形成和发展认知结构的过程。认知主义学习理论强调刺激—反应之间的联系是以意识为中介的，强调认知过程的重要性。这些学习理论对小学数学学习也产生了积极的影响。

1. 皮亚杰的认知发展阶段理论

皮亚杰最为著名的认知理论就是儿童认知发展阶段论，他认为儿童认知发展有四个阶段，每一个阶段都有着不同理解世界的方式，而运算则是他划分阶段的核心概念。

(1) 认知发展阶段理论

第一，感知运动阶段。本阶段儿童只具有图形知识，只能靠感觉和动作来认知周围世界。

第二，前运算阶段。本阶段儿童能用语言、符号来描述事物，具有表象的思维能力，但不具备可逆性。

第三，具体运算阶段。本阶段儿童处于具体形象思维向抽象逻辑思维过渡的阶段，但还是只能以具体形象事物作为支撑，不能离开感性事物，且已经具备可逆性和守恒性。

第四，形式运算阶段。本阶段儿童已经完全能够在头脑中把形式和内容分开，能进行抽象思维和命题运算。

综上，这四个认知发展阶段都有其独特的结构，但是具有连续性和阶段性。根据儿童的年龄特征或个人、环境等因素，会造成阶段的提前或延后，但其先后顺序是始终不变的，低级向高级过渡时，高一级阶段的认知始终是低一级阶段认知的延续发展。

(2) 认知发展阶段理论对小学数学学习的影响

根据皮亚杰的认知发展阶段理论，小学生正处于具体运算阶段，他们能进行初步的逻辑思维，但运用数学符号解释和推理还有困难。因此，在这种理论基础上，教师在对这个阶段学生进行教学时，就应强调小学数学学习的直观和形象，将学生自发活动和解决问题活动作为教学的主要手段，让学生形成丰富的数学知识表象，从而进一步发展抽象思维。

2. 布鲁纳的认知发现说

布鲁纳提出的最为著名的学习理论就是发现学习论。他认为学生的心智发展是遵循学生本身认知特点的，教学主要是帮助学生的认知发展，而发现学习有助于激发学生内在学习动机，帮助他们的智慧得到生长，是一种最佳的学习方式。发现学习法具有以下特征。

第一，重直觉思维。布鲁纳认为直觉思维对科学发现活动很重要，它的本质具有映象性和图像性。布鲁纳认为可以帮助儿童形成图像或表象，然后去表现他们的世界中所发生的事物，而不是过早地用语言文字去指示学生。也就是说直觉思维是不必以细小划分过的步子来进行，不用按照程序接受知识，只要在熟悉了有关的知识领域和结构之后，就能使其自然发生。

第二，重内在动机。布鲁纳所重视的内在动机主要是帮助学生形成内部动机，或者把外部动机转化为内部动机。也就是在学习过程中，通过激发学生的内在动机，对学生学习信息及时反馈和纠正，使得学生能主动要求学习。

第三，重学习过程。在这个过程中，布鲁纳主要强调学生不是被动的、消极的思维知识接受者，而是主动积极的知识探究者。教师在学生学习过程中，就应该处于引导的地位，不断创设情境，让学生自主探究知识。因为学习本该是一个过程，而不是结果。在布鲁纳看来学习过程就是重视学生自己的认知活动和培养学生解决问题的能力，比如，在2＋5＝7的学习中，7这个结果并不是太重要，关键是让学生在运算这个式子的过程中，要掌握7是如何与2和5发生关联的。

第四，重信息提取。布鲁纳通过实验表明，学生如何组织信息，对提取信息有很大的影响，所以他认为人类记忆应该是提取，不是贮存。虽然有些偏激，但学生亲自参与发现知识的活动，必然会自主地用某种方式进行组织，从而达到记忆的最佳效果。

3. 奥苏伯尔的认知同化论

(1) 认知同化论

在认知主义中，奥苏伯尔主要注重认知结构。他定义的认知结构是一个人观念的全部内容和组织，或一个人在某个知识领域观念的内容和组织。因此，奥苏伯尔认为学习过程就是在原有认知结构基础上形成新的认知结构过程。学生头脑中已有的认知结构与新的知识进行相互作用，新的知识就会被同化到学生已有的认知结构中去。这样的学习结果不仅使学生原有的知识结构得到补充，而且新的知识也被赋予了新的意义。奥苏伯尔的认知结构与新知识所发生的同化作用的学习理论被称为认知同化论。

在学习过程中，学习者如果能积极主动地把新知识与已有认知结构中原有的结构联系起来，并获得新的知识，奥苏伯尔认为这就是有意义学习。当然在有意义学习过程中，除了学习者自身有强烈的心理倾向外，所提供的学习材料也应该是有意义的，同时学习者原有认知结构在与新知识发生同化作用时，应适当稳定和清晰，这是有意义学习的必备条件。当然，与有意义学习相反的就是机械学习。在奥苏伯尔看来，学生的学习应该尽可能有意义，所以他对有意义学习也做了很精确的定义：用语言文字或符号表述的新知识能够同学习者认知结构已有知识建立起实质性和非人为的联系，实质性的联系就是指新、旧知识之间本来就有的联系，而不是字面上的联系，也就是学习者不用经过文字的思考，直接就能看出新旧知识之间的关系特征。非人为的联系则是新的观念与原有观念建立了内在联系，而不是任意随便的联系。

为了使认知同化论在学习中更有效应用，使有意义学习得到更好实现，奥苏伯尔还提出了先行组织者策略，即教师在教新知识之前，应向学生提供一些具有概括性和引导性的学习材料，通过这些材料，能启发学生联想到新旧知识之间的关系，能提供学习者对学习材料和自身认知结构在发生作用时的辨别性，更避免学生机械学习。

(2) 认知同化论对小学数学学习的影响

奥苏伯尔的认知同化论、有意义学习对我国小学数学学习研究产生了积极影响。

第一，小学教材的结构、内容应该全面优化，要选取有意义、逻辑性强的内容，结构上的编排也要做到前后知识的联系与照应。

第二，为学生创造恰当的数学情境，让学生有主动学习的倾向。

第三，有目的地优化学生的认知结构，使学生的认知结构具有逻辑性。

第四，在教学中可以在新知识学习之前向学生提供具有概括性、引导性的组织，并通过这些组织者去增强新旧数学知识之间的联系，这样更利于学生对新知识掌握。例如，解决有关整数乘法应用问题之前，就可以先向学生呈现一些相关的数学公式，如“单价×数量＝总价”“速度×时间＝路程”等，由于这些基本数量关系学生在学习定理的时候已经掌握，所以通过它们就能将乘法问题这一新的学习任务跟学生原有认知结构中的知识直接联系起来，为新的学习建立联系。

（三）建构主义学习理论及其对小学数学学习的影响

认知主义进一步发展，形成了一种新的学习理论——建构主义。建构主义认为世界是客观存在的，但可以根据自己的经验来建构现实，每个人的经验都是由自己的头脑创建的，每个人的经验及对经验的信息处理是有差异的，从而也导致对外部世界理解的差异，因而人脑储存的信息需要接受现实环境信息并进行加工，包括积极地选择、注意、知觉、组织、储存和激活信息，然后实现自我信息的建构。

1. 建构主义学习理论

建构主义认为学习不是知识简单地由外到内的转移和传递，而是学习者主动地建构自己的知识经验的过程，即通过新经验与原有知识经验的双向的相互作用，来充实、丰富和改造自己的知识经验的过程。学习不是知识由教师向学生的传递过程，而是学生建构自己知识的过程，学习者不是被动的信息吸收者；相反，学生要主动地建构信息的意义，这种建构不可能由他人替代。学习者的这种知识建构过程具有以下三个主要特征。

（1）学习的主动性

面对新信息、新概念、新现象或新问题，学习者必须通过高层次思维活动，即付出高度心理努力的认知活动，充分激活头脑中的先前知识经验，然后通过不断思考，对各种信息和观念进行加工转换，基于新、旧知识进行综合和概括，解释有关现象，形成新的假设和推论，并对自己的想法进行反思性推敲和检验。学习者作为学习活动的主人，承担着学习的责任，需要对学习活动进行积极自主的自我管理和调节。

（2）学习的社会性

建构主义强调不同的学习者都有不同的知识经验、社会经验，在对待同一个问题时不同的学习者会有不同的想法和结论。因此，不同的学习者通过互相沟通、交流、合作，可以更好地完成学习任务，即多向社会性和相互作用可以给学习者彼此的知识构建搭建丰富的资源平台。

(3) 学习的情境性

建构主义者提出，知识是存在于具体的、情境的、可感知的、活动中的，它不是一套独立于情境的知识符号，不可能脱离活动情境而抽象地存在，它只有通过实际情境中的应用活动才能真正被人所理解。建构主义强调学习者一定要把所学知识与一定的真实任务情境联系起来，然后通过合作解决情境性问题。

2. 建构主义学习理论对小学数学学习的影响

建构主义是对已有知识再一次组织，突出一种过程，突出学生的主体性地位。

第一，强调儿童应该积极参与学习过程中，在与现实世界、材料以及与其他儿童的相互作用中建构、修正和整合自己的观点，而教师只能组织、引导或者参与学生的学习活动中。第二，还要重视外界环境的影响。建构主义主张知识不能被传递，也不能被打包，而是必须由每个儿童根据自己已有经验基础独立建构的观点。儿童在这个数学知识的建构过程中，会产生很多问题。在形成一个好的知识结构前，都必须反思、交流、改进、发展，在这种情况下，就必须增强学生和其他学生以及教师的互动，使其思维真正得到发展。第三，数学知识结构不是孤立的系统，它包括了很多方面的知识、经验，而且会直接受到生活经验的影响。对于小学生来说，具体形象的经验更能帮助其体会知识。因此，教师要从生活经验出发，创设最直观的情境，激发学生的学习动机。

(四) 人本主义学习理论及其对小学数学学习的影响

人本主义心理学是20世纪五六十年代在美国兴起的心理学派别，是与传统的行为主义和精神分析两大学派相对立的第三种力量。它关注的是个人的感情、知觉、信念和意图，这些是使一个人不同于另一个人的内部行为。它的研究主题是关于人的潜能和价值问题，主要理论是自我实现理论。该学派自产生以来，对心理学研究有重大的冲击作用，对数学教育方面也同样有巨大的影响，该学派代表人物是罗杰斯。

1. 罗杰斯有意义学习观

罗杰斯认为学习方式分为有意义学习和无意义学习。他倡导的有意义学习，不仅仅是一种增长知识的学习，而且是一种把每个人各部分经验都融合在一起的学习，是一种使个体的行为、态度、个性以及在未来选择行动方针时发生重大变化的学习。罗杰斯和奥苏伯尔的有意义学习是有区别的，前者关注的是学习内容和个人之间的关系；而后者强调新、旧知识之间的联系，不涉及个人意义。

罗杰斯认为有意义学习主要具备四个要素：①学习具有个人参与的性质，即整个人（包括情感和认知两方面）都投入学习活动。②学习是自发的，即便在推动力或刺激来自外界时，要求发现、获得、掌握和领会的感觉仍来自内部。③全面发展，也就是说它会使学生的行为、态度、人格等获得全面发展。④学习是由学生自我评价的，因为学生最清楚这种学习是否满足自己的需要，是否有助于他获得想知道的东西，是否明了自己原来不甚清楚的某些方面。

罗杰斯所倡导的学习原则的核心就是让学生自由学习。他认为教师只要信任学生，信任学生的学习潜能，并愿意让学生自由学习，就会在与学生的交往中形成适合自己风格的、促进学生学习的最佳方法。

2. 人本主义学习理论对小学数学学习的影响

罗杰斯的有意义学习观，对小学数学学习也有积极的指导作用。罗杰斯的有意义学习观让教师重视研究学生的情感对学习的促进作用，从传统的重视认知教学转到认知和情感并重教学方面来，真正从教师中心转到学生中心上，使学生成为认知和情感的主体，而不仅仅是认知的主体。

注重完整的人的数学教育，应当使学生成为真正的人。在课堂教学中，教学设计要真正从学生出发，给学生更多的自由，让学生真正参与。在教学中，要注重学生的自我完善、自我发展，以学生为主体，不要把学生当作接受知识的容器。数学教育还要注重培养学生的自重、自尊、自信，使他们充满希望和成功。数学教育要让学生真正获得成功，通过数学学习，促进他们健康人格的形成。

三、现代数学教育理论及其在小学数学教学中的应用

数学教育学涉及数学、教育学、心理学、哲学等多个学科，是一门新兴的、综合性的交叉学科。它真正成为一门独立的学科，并形成其理论的研究是在 20 世纪 60 年代以后，迄今还没有形成公认的数学教育理论。

国外对数学教育理论形成有影响力的人物当属数学教育的创始人弗赖登塔尔和波利亚。尽管他们的教育理论还不成熟，但都对数学教育实践产生了很大的影响。

（一）弗赖登塔尔的数学教育理论及其在小学数学学习中的应用

弗赖登塔尔是荷兰著名的数学家和数学教育家。他在长期的数学教育研究实践中，逐步形成了适应儿童心理发展，符合教育规律，经得起实践检验，并且有自己独特风格的数学教育思想体系。他在数学教育理论研究方面的主要成果为现实数学教育理论和数学教学原则。

1．现实数学教育理论

这个理论具有五个基本特征：①情境问题是教学的平台。②数学化是数学教育的目的。③学生通过自己的努力得到的结论和创造是教育内容的一部分。④互动是主要的学习方式。⑤学科交织是数学教育内容的呈现方式。这些特征又可以用三个词加以概括，即数学现实、数学化、再创造。

（1）数学现实

数学来源于现实，存在于现实，并且应用于现实，这是它的基本出发点。

在运用现实的数学进行教学时，必须明确认识以下三点。

第一，数学的概念、数学的运算法则以及数学的命题，都是因为自然世界的实际需要而形成的，是现实世界的抽象反映和人类经验的总结。数学的过去、现在、未来都是属于现实世界和社会的。因此，数学

的教学内容来自现实世界，把那些最能反映现代社会生活需要的基本、核心的数学知识和技能作为数学教育的内容。

第二，数学研究的对象是现实世界同一类事物或现象抽象而成的量化模式。而现实世界的事物、现象之间又存在着各种各样的关系。从而，数学教育的内容就不能仅仅局限于数学内容的内在联系，而应该涉猎于其他学科之间的联系。例如，在小学数学学习数的大小时，就不能只教学生用数学方法进行数量比较，而是要把数量关系运用到实际生活中去，让学生从实际生活中去感受数的大小。这样才能使学生一方面获得既丰富多彩又错综复杂的现实的数学内容，掌握比较完整的数学体系；另一方面，学生也有可能把学到的数学知识应用到现实世界中去。

第三，数学教育是为不同的人提供不同层次的数学知识，每个人都有自已的一套数学现实。数学教学必须从学生的数学现实开始，现实在不断地扩展，教师的任务就在于确定各类学生在不同阶段所必须达到的数学现实，并随着学生所接触的客观世界越来越广泛，了解并掌握学生所实际拥有的数学现实，从而据此采取相应的方法，予以扩展，予以丰富，以逐步提高学生所具有的数学现实的程度并扩充其范围。数学教育本身也应该是以这些不同的数学现实为基础构建的课程体系，并通过这些课程不断地扩展每个人的数学现实，使每个人在数学上都能获得最大的发展。

在数学现实的思想里，弗赖登塔尔还主张把客观现实材料和数学知识融为一体，使数学教学过程经历从现实背景中抽象出数学知识的全过程，着眼能力的培养。例如，在教学小学数学加法时，有很多不同的实际途径引入，例如，可以通过公共汽车经过各个停靠站时上下车的人数来说明。假定汽车里原来有 5 个人，在第一个停靠站上来了 3 个人，在第二个停靠站又上来了 2 个人等，这时汽车里人数就分别是（5＋3）个，（5＋3＋2）个。这样小学生就可以自己形成加法的概念，并找出加法运算的规律。在这里乘公共汽车就是小学生所接触过的“现实”，自然数 2、3、5 就是他们拥有的现实数学知识，教师就是根据这两方面的“现实”，帮助学生学习加法这一现实的数学知识，并用这些知识扩充学生的数学现实。

其实，根据小学生的数学认知特点，最需要的就是借助于现实来理解掌握数学知识，在数学的教学中，应提供给学生各自的数学现实内容，即学生自己的数学。通过现实的数学教学，学生就可以通过自己的认知活动构建数学观，促进数学知识结构的优化。

（2）数学化

弗赖登塔尔认为数学化就是人们在观察、认识和改造客观世界的过程中，运用数学的思想和方法来分析和研究客观世界的种种现象并加以整理和组织，以发现其规律的过程。数学化是一种由浅入深、具有不同层次、不断发展的过程。它具有两个维度的特征：一个是水平数学化，就是从“生活”到“符号”的转化过程，即从背景中识别数学—图式化—形式化—寻找关系和规律—识别本质—应用到已知的数学模型（现实经验的）；另一个是垂直数学化，就是从低层到高层数学化的过程，即猜想公式—证明一些规则—完善模型—调整综合模型形成新的数学概念一般化过程（现实的、经验的）。当然这两个过程是不能分开的，而是交错在一起的。

除了认识数学化的过程，还应该了解数学化的对象。数学化的对象包括数学本身和现实客观事物。对数学本身的数学化，就是深化数学知识，或者是数学知识系统化，形成不同层次的公理体系和形式体系。对客观事物的数学化，形成了数学概念、运算法则、规律、定理以及为解决实际问题而构造的数学模型等。需要强调的是，数学化是一个过程，是从一个问题开始，由实际问题到数学问题，由具体问题到抽象概念，由解决问题到更进一步应用的一个教育全过程，而不是方程、函数等之类的具体的数学素材。通过一个充满探索的过程去学习数学，可以让已经存在于头脑中的那些非正规的数学知识和数学体验上升发展为科学的结论，让学生从中感受、发现数学的乐趣，增加学好数学的信心，形成应用意识、创新意识，从而达到素质教育的目的。

（3）再创造

再创造是指探索前人发现问题的过程，通过做数学再现数学新知识的发现过程。学生再创造学习数学的过程实际上就是一个做数学的过程，这是目前数学教育的一个重要观点。它强调学生学习数学是一个经验理解和反思的过程，强调以学生为主体的学习活动对学生理解数学的重要性，强调激发学生主动学习的重要性，并认为做数学是学生理解数学的重要条件。弗赖登塔尔说的再创造，其核心是数学过程再现。这要求教师设想你当时已经有了现在的知识，你将怎样发现那些成果；或者设想一个学生学习过程得到指导时，他应该是怎样发现那些成果的。当然，这不是简单地由学生本人把学的东西自己去发现或创造出来，教师的任务是引导和帮助学生去进行这种再创造的工作，也不是简单的教师指导下的学生活动，而是通过教师精心设计，创造问题情境，通过学生自己动手实验研究、合作商讨，探索问题的结果并进行组织的学习方式。这对于新课程改革下强调培养学生创新能力有很好的借鉴意义。

2. 数学教学原则及其在小学数学学习中的意义

弗赖登塔尔归纳的数学教学原则主要有数学现实原则、数学化原则、再创造原则三个原则，这是与他的数学教育理论相对应的。

(1) 数学现实原则

数学现实原则是指用数学知识来解决现实中的问题，它包含两层含义：一是指教师要将客观现实与学生的数学认识统一起来，即教育要根据学生的数学现实进行；二是指教师要将客观现实材料与数学知识现实融为一体，即教学过程要让学生经历从现实背景中抽象出数学知识的过程。

在数学教学中可以通过设计与现实生活密切相关的问题，帮助学生认识到数学与生活有着密切联系，学会用数学知识去解决实际问题。数学教育的任务就在于，随着学生所接触的客观世界越来越广泛，应该确定各类学生在不同阶段必须达到的数学现实，并且根据学生实际拥有的数学现实，采取相应的方法予以丰富，予以扩展，从而使学生逐步提高所具有的数学现实的程度并扩充其范围。通过这样的过程，数学教育将随着不断扩展的现实发展，同时数学教育本身又促使了现实的扩展，正像数学与现实世界的辩证关系一样，数学教育也应该符合这样的规律。

例如，通过公共汽车上下车人数的变化引入整数的加减法并找出运算规律；借助从商店出售各种牌子、不同规格的商品所获得的利润计算引进矩阵的乘法概念，以及它的运算法则等。

(2) 数学化原则

数学化原则是指从实际问题中抽象出数学知识。它有三层含义，一是在教学中要让学生通过直观与抽象结合，通过不断观察、比较、归纳和实践，提高数学知识水平，掌握数学技能与方法；二是要针对学生所处的不同数学化水平有的放矢；三是人类所要学的不是作为一个封闭系统的数学，而是作为一种活动，作为一个从实际问题出发的数学化过程，如果需要的话，也包括从数学概念出发的数学化过程。

遵循数学化原则可以培养学生从实际问题中抽象出数学问题的抽象思维能力，学会数学思维，进而提升学生的数学素养。回顾历史上最早的传统数学教育，其做法就是教师通过机械的途径，将各种结论灌输下去，学生被动地接受这些结果，死记硬背，机械模仿，不知道它的来龙去脉，所获得的是知识的形式堆砌，既不考虑它有什么用处，也不问它们互相之间是否有内在联系，可以说很少包含数学化的成分。之后数学教育逐渐有所进步，人们比较多地考虑到实际的经验，也建立了不少现实的模型，从而进入了经验的途径，即较多地顾及水平的数学化，使所获得的数学知识具有一定的实用价值，可以解决一些客观现实中的问题。

为了纠正上述偏向，以布尔巴基观点为代表的“新数学”运动的做法，就采用了构造的途径，强调数学的演绎结构，重视逻辑推理的论证，试图以结构主义的思想来组织整个数学教育，以提高抽象的逻辑思维水平，把形成严谨的演绎结构体系作为唯一的目标，从而又由一个极端走向了另一个极端，忽视了数学的现实性，忘却了数学教育的根本目标还是要为现实世界服务，而且一味追求抽象、强调严谨，这也不符合教学规律与认识规律。

从历史的经验教训中，我们应该得出这样的结论，那就是数学教育的正确途径应该是现实的数学化途径，我们所需要的课程体系应该全面体现数学化的正确发展，既要强调现实基础，又要重视逻辑思维；既要密切注意数学的外部关系，也要充分体现数学的内在联系，要能将二者有机地结合在一起，那才是数学教育所必须遵循的正确路线。

(3) 再创造原则

再创造原则是指数学过程再现，是弗赖登塔尔针对传统教学中“将数学作为一个现成的产品来教”“只是一种模仿的数学”而提出的一种教学原则。

再创造原则对小学数学的意义有：首先，通过做数学所得到的知识与能力比听教师讲理解得更透彻、掌握得更快、善于应用而且记忆保持长久；其次，发现是一种乐趣，通过再创造来进行学习能够引起学生的数学兴趣，并激发数学学习动力；最后，通过再创造方式进一步促进学生形成数学教育是一种人类活动的看法。

日常生活中，像“狗”“椅子”等概念，都不需要事先给以严格的定义，儿童通过实际接触，自然地形成了概念。数学中的一些东西，同样来自现实，也可以通过学生的实际感受而形成概念。以学习平行四边形概念为例，教师可以出示一系列的平行四边形图形或是实际例子，告诉学生这些就是平行四边形，让学生自己进行比较、分析、研究，在经过反复地观察与思考后，他们就会发现平行四边形的许多共同性质。例如，对边平行、对角相等、邻角互补、对角线互相平分等；接着就会发现这些性质之间的联系，可以由一个性质出发推出其他的性质，在教师引导与学生间相互讨论的基础上，学生不仅掌握了平行四边形的概念，同时也理解了形式定义的含义以及各种相关性与等价定义的概念，也就是说，学生通过自己的实践活动学会了怎样定义一个数学的概念。

当然，每个人有不同的数学现实，每个人处于不同的思维水平，因而不同的人可以追求并达到不同的水平。

一般说来，对于学生的各种独特的解法，甚至不着边际的想法都不应该加以阻挠，要让他们充分发展，充分享有再创造的自由，甚至可以自己编造问题，自己寻找解法。从教师的角度，应该在适当的时机引导学生加强反思，巩固已经获得的知识，以提高学生的思维水平，尤其必须有意识地启发，使学生的创造活动逐步由不自觉或无目的状态发展为有意识、有目的创造活动，尽量促使每个人在所能达到的水平上尽可能地提高。总之，弗赖登塔尔的数学教育思想与新课程改革强调的以学生为主体，发挥学生自主学习的能力，培养学生发现问题，解决问题的能力，提升学生创造精神是完全吻合的。因此，弗赖登塔尔的数学思想对我国小学数学学习的研究具有借鉴意义。

（二）波利亚的解题理论及其在小学数学学习中的应用

乔治·波利亚是一名国际公认的数学家，他的主要成就是在数学教育中怎样解题这一研究上。

1. 波利亚的解题理论

（1）解题

波利亚认为，解题是智力的特殊成就，题目是数学的心脏，数学教学的本质在于教会学生解题，解题思想应当诞生在学生心里，教师仅仅像助产士那样行事。因此在教学中，教师最主要的任务应该是发展学生解决问题的能力。为了回答“一个好的解法是如何想出来的”这个令人困惑的问题，他专门研究了解题的思维过程，用朴素而现代化的形式来阐明探索法（即有助于发现的发现方法），并集几十年教学与科研之大成写成《怎样解题》一书，该书于 1948 年出版，风靡世界。其中怎样解题表仔细分析了求解各种数学问题时的思维过程，成为经典的解题思维方法，而怎样解题表也是波利亚的解题理论核心内容。

（2）怎样解题表

怎样解题表主要由四步构成，且四个部分是层层递进的。其分别是了解问题、拟订计划、实现计划、回顾。

第一，了解问题。包括：未知数是什么？已知数是什么？条件是什么？可能满足什么条件？画一个图，引入适当的符号，把条件的各个部分分开。

第二，拟订计划。包括：你以前见过它吗？你知道什么有关的问题吗？这里有一个与你有关而且以前解过的问题，你能应用它吗？回到定义，你若不能解决这个问题，试先解一个有关的问题。你能想出一个更容易着手的有关问题吗？一个更一般的问题？一个更特殊的问题？一个类似的问题？你能解决问题的一部分吗？你用了全部条件吗？

第三，实现计划。包括：实行你的解决计划，校核每一个步骤。

第四，回顾。包括：你能校核结果吗？你能校核论证吗？你能用不同的方法得出结果吗？你能运用这个结果或方法到别的问题上吗？

波利亚注重对学习者思维能力培养，解题是培养学习者思维能力的一个重要途径，而数学学习又是对思维能力要求特别高的活动。教学生发现问题，进而解决问题，才是学习数学的关键和实质。数学课程标准中也提到，学生在数学学习中要学会学习、学会思考、学会解决问题。因此，波利亚的解题步骤使学生学会如何发现、分析及解决问题，是值得借鉴的。

2. 解题理论对小学数学学习的影响

（1）有利于提高学生的思维能力

在波利亚的解题理论中，四个步骤的设计非常紧密，逻辑性很强，层层深入，处于形象思维阶段的小学生在数学学习中，经过这种层层剖析的发现解题法的训练，将会极大地提升他们的数学思维能力。

（2）有利于提高学生的数学素质

波利亚认为，任何学问都包括知识和能力两个方面。

对于数学，能力比起知识来说重要得多。因此，数学教学的目的应该是发展学生本身的内蕴能力，而不仅仅是传授知识。波利亚发现，在日常解题和攻克难题而获得数学上的重大发现之间，并没有不可逾越的鸿沟。要想有重大的发现，就必须重视平时的解题，因此平时解题训练的目的在于提高学生的数学素质。

（3）有利于提高学生独立探索的能力

从教育心理学角度看，怎样解题表的确可取，利用这张表教师可行之有效地指导学生自学，发展学生独立思考和进行创造性活动的能力。波利亚在主张学习探索时，过程就是不断变更问题的过程。

第二章 小学数学课程研究

第一节 小学数学课程目标

小学数学课程目标是制定小学数学课程内容和确定教学目标的重要依据，是教育教学过程中应该努力加以实现的基本要求。随着社会的进步和科学技术的发展，我国小学数学课程目标也在不断地变革与发展，不同时期的课程目标都有所调整，总的发展趋势是课程目标的多元化。

一、小学数学课程性质

（一）数学学科的特征

一般认为，数学学科具有抽象性、严谨性和广泛性等三个基本特征。

数学学科的抽象性是指数学学科中的教学内容来源于实践，是对现实世界中具体事物进行数量关系和空间形式上的抽象，它在处理方法和表征形式上，都具有抽象的特征。抽象性是数学学科最基本的特征。

数学学科的严谨性是指数学中每一个定理、定律都要经过严格的证明，数学的语言和思考过程都要求严谨且合乎逻辑，数学命题的证明要从公理出发，经过严格的推导过程，得出合乎逻辑的结论。初中平面几何命题的论证与推理，就是数学学科严谨性的突出代表。在小学数学教学中，由于受到学生认知水平和年龄特征的限制，并不要求每一个结论都要进行严格的证明，但在解决问题过程中，分析思考问题的方式方法要尽量体现逻辑性。

数学学科的广泛性是指数学应用的广泛性。数学学科的抽象性特征，使其在生活实际中的应用十分广泛。

（二）学科数学与科学数学的关系

学科数学是指在教学时依据一定的教育目的和教学目标，将数学的内容加以处理作为教学过程认识的对象；科学数学是指只考虑数学自身的内容体系、结构特点以及理论意义和应用价值。

学科数学与科学数学有着密切的联系。学科数学的内容是根据教育目的、教学目标以及学生的发展水平和认知规律，从科学数学内容中进行选取并合理编排；同时，随着科学数学的发展，在学科数学中常常渗透一些现代数学的思想方法，如集合、函数、概率等思想，也常常增加一些新的内容，如在新课程的实施过程中，小学数学增加了统计与概率的内容等。

学科数学与科学数学不仅有着密切的联系，也有明显的区别。

1. 出发点不同

学科数学必须考虑学生的生活经验、发展水平和认知规律，所以，常常从生活的实例出发，再让学生自己去发现其内在联系；而科学数学注重自身的理论体系，可以不必考虑其他因素，所以，常常从数学问题或基本原理出发，构建科学数学的知识体系。

2. 目的不同

学科数学的目的主要在于让学生掌握数学知识技能、获得数学思想方法、经历问题解决的过程以及培养数学兴趣；而科学数学的主要目的在于科学揭示事物的内在规律，尤其是事物内部的数量关系和空间形式。

3. 内容处理方法不同

学科数学由于必须考虑学生的生活经验、发展水平和认知规律，所以，常常通过列举一些具体事例，用不完全归纳法得出结论；而科学数学由于注重自身理论的逻辑体系和科学性，所以，对所有的定理、公式、法则、定律等都必须进行严格的论证和推导。

4. 内容的编排顺序不同

学科数学的内容由于要考虑学生的发展水平和认知规律，所以在不影响科学性的前提下，可以对所学内容进行适当的调整和编排；而科学数学内容的编排则完全按照数学理论自身的逻辑体系进行。

（三）小学数学学科的性质

数学是研究数量关系和空间形式的科学。对于小学数学学科的性质，可以通过三种数学观加以理解和认识。

儿童数学观认为小学数学是儿童的数学，是一种从儿童实际出发的非完全形式化的数学，是一种为了儿童理解生活世界而学习的数学，这种数学观强调小学数学应该符合儿童的实际应用。

生活数学观认为小学数学是生活的数学，是一种存在于生活实践中的非形式化的数学，是人们在社会生活实践活动中理解生活世界、彼此交流思想的数学。

大众数学观认为小学数学是大众的数学，是一种人人都必须学习的数学，是一种面向全体学生、适应学生个性发展需要的数学。这种大众数学观强调小学数学的基础性、普及性和发展性，强调小学数学要面向全体学生，并适应学生个性发展的需要。

从以上三种数学观来认识小学数学学科，它至少应具有如下三个性质。

1. 生活性

所谓生活性就是倡导将数学学习回归于儿童的生活。

2. 体验性

学校数学教育应当成为一种学生去亲身体验用数学解决问题的活动，不要总是将整理好的详细证明（事实）材料提供给学生，而应尽可能地让学生通过仔细地观察、粗略地发现和简单地证明发现事实或结论，只有这样，才可能使学生真正经历超越局部的、非单纯接受的问题解决过程。

3．普及性

所谓普及性就是倡导数学学习应该面向全体学生，人人学有价值的数学，人人都能获得必需的数学，不同的学生在数学上得到不同的发展。

（四）小学数学学科的任务

小学数学学科的任务，除了应该让学生掌握适应未来社会生活和进一步发展所必需的重要数学知识和基本技能以外，还应该发展小学生的数学素养，培养小学生的数学思维以及培养小学生的数学兴趣。

1．发展小学生的数学素养

在小学阶段，发展小学生的数学素养是小学数学学科的主要任务，在数学基础知识和基本技能的教学中，应该重视发展小学生的数学素养，提高小学生的整体素质。

2．培养小学生的数学思维

培养小学生的数学思维是小学数学学科的重要任务。数学是思维的体操，数学是促进个体思维品质发展的重要基础，数学学习是促进个体思维品质发展的重要途径。然而，由于儿童处于以具体形象思维为主逐步向抽象逻辑思维过渡的特殊阶段，因此，培养小学生的数学思维能力，应该遵循儿童的心理特点和认知规律。

3．培养小学生的数学兴趣

培养小学生的数学兴趣是小学数学学科的主要任务。数学兴趣是数学学习的内在驱动力，是学生可持续发展的关键所在。

二、小学数学课程目标

小学数学课程目标是指小学生通过数学课程学习应该达到的目标，也指小学数学教师通过数学教学应该达到的目标。教材编写、教师的“教”、学生的“学”以及对教师和学生的评价，都要围绕着课程目标来进行。但是，《义务教育数学课程标准（2022年版）》（以下简称《标准》）刻画的是义务教育阶段学生经过数学课程学习之后应该达到的目标，其行为主体是学生。

《标准》将课程目标分为总目标和学段目标。总目标带有全局性、方向性和指导性；学段目标分三个学段叙述，每个学段按照知识技能、数学思考、问题解决、情感态度这四个具体目标展开。

作为一名小学数学教师，必须深入地阅读课程目标，这样既能够提纲挈领，又能够多角度地、全面深入地理解并掌握课程目标，也能准确把握数学课程教学中的目标，进而实现课程目标的落实。

（一）数学课程的总目标

通过义务教育阶段的数学学习，学生逐步会用数学的眼光观察现实世界，会用数学的思维思考现实世界，会用数学的语言表达现实世界（简称“三会”）；获得适应未来生活和进一步发展所必需的数学基础知识、基本技能、基本思想、基本活动经验（“四基”）；体会数学知识之间、数学与其他学科之间、数学与生活之间的联系，在探索真实情境所蕴含的关系中，发现问题和提出问题，运用数学和其他学科的知识与方法分析问题和解决问题（“四能”）；对数学具有好奇心和求知欲，了解数学的价值，欣赏数学美，提高学习数学的兴趣，建立学好数学的信心，养成良好的学习习惯，形成质疑问难、自我反思和勇于探索的科学精神。

（二）数学课程的学段目标

1. 第一学段（1～2 年级）

经历简单的数的抽象过程，认识万以内的数，能进行简单的整数四则运算，形成初步的数感、符号意识和运算能力。能辨认简单的立体图形和平面图形，认识长方形和正方形的特征，体验物体长度的测量过程，认识常见的长度单位，形成初步的量感和空间观念。经历简单的分类过程，能根据给定的标准进行分类，形成初步的数据意识。在主题活动中认识货币单位、时间单位和基本方向，尝试用数学方法解决问题，积累数学活动经验，形成初步的量感和应用意识。

能在教师指导下，从日常生活中提出简单的数学问题，尝试运用所学的知识和方法解决问题。在解决问题的过程中，感悟分析问题和解决问题的基本方法，感受数学在生活中的应用，形成初步的几何直观和应用意识。

对身边与数学有关的事物有好奇心，能参与数学学习活动。在他人帮助下，尝试克服困难，感受数学活动中的成功。了解数学可以描述生活中的一些现象，感受数学与生活有密切联系，感受数学美。

在一年级第一学期的入学适应期，利用生活经验和幼儿园相关活动经验，通过具体形象、生动活泼的活动方式学习简单的数学内容。这期间的主要目标包括：认识 20 以内的数，会 20 以内数的加减法（不含退位减法）；能辨认物体和简单图形的形状，会简单的分类；解决日常生活中的简单问题；对数学学习产生兴趣并树立信心。

2. 第二学段（3～4 年级）

认识自然数，经历小数和分数的形成过程，初步认识小数和分数；能进行较复杂的整数四则运算和简单的小数、分数的加减运算，理解运算律；形成数感、运算能力和初步的推理意识。认识常见的平面图形，经历平面图形的周长和面积的测量过程，探索长方形周长和面积的计算方法；了解图形的平移、旋转和轴对称；形成量感、空间观念和初步的几何直观。经历简单的数据收集过程，了解数据收集、整理和呈现的简单方法；理解平均数的意义，会用平均数解决问题；形成初步的数据意识。在主题活动中进一步认识时间单位和方向，认识质量单位，尝试应用数学和其他学科知识与方法解决问题，积累数学活动经验，形成量感、推理意识和应用意识。

尝试从日常生活中发现和提出数学问题，探索分析和解决问题的方法，经历独立思考并与他人合作交流解决问题的过程，会用常见的数量关系和其他学科的知识与方法解决问题，能初步判断结果的合理性；形成初步的模型意识、几何直观和应用意识。

愿意了解日常生活中与数学相关的信息，愿意参与数学学习活动。在他人的鼓励和引导下，体验克服困难、解决问题的成就，体会数学的作用，体验数学美。在学习活动中能提出自己的想法，在与他人交流的过程中，敢于质疑和反思。

3. 第三学段（5～6 年级）

经历用字母表示数的过程，认识自然数的一些特征，理解小数和分数的意义；能进行小数和分数的四则运算，探索数与运算的一致性；形成符号意识、运算能力、推理意识。探索几何图形面积和体积的计算方法，会计算常见平面图形的周长和面积，会计算常见立体图形的体积和表面积；能用有序数对确定点的位置，进一步认识图形的平移、旋转和轴对称；形成量感、空间观念和几何直观。经历收集、整理和表达数据的过程，会用条形统计图、折线统计图表达数据，并做出简单的判断；理解百分数的意义，了解随机现象发生的可能性；形成数据意识和初步的应用意识。在主题活动和项目学习中了解负数，应用数学和其他学科知识与方法解决问题，积累数学活动经验，形成数感、量感、模型意识、应用意识和创新意识。

对数学具有好奇心和求知欲，主动参与数学学习活动。在解决问题的过程中，体验成功的乐趣，相信自己能够学好数学，感受数学的价值，体验并欣赏数学美。初步养成认真勤奋、独立思考、合作交流、反思质疑的能力。

第二节 小学数学课程内容

课程内容是指按照一定要求制定的各门学科中的特定事实、观点、原理、方法、问题以及处理方式。小学数学课程目标为小学数学课程内容的选择、组织和呈现等指明了方向，一般情况下，小学数学课程内容是以小学数学教材（教科书）的形式加以呈现，而小学数学课程资源的开发是小学数学课程实施过程中的一种素材补充渠道。

一、小学数学课程内容的选择依据和原则

（一）小学数学课程内容的选择依据

1. 依据数学课程标准。

2. 根据数学课程目标。

3. 贴近学生生活实际。

4. 符合学生认知规律。

5. 反映社会发展需要。

（二）小学数学课程内容的组织原则

课程内容的组织是指选定课程内容的组织编排方式，这些内容将为学生的数学学习活动提供学习主题、基本线索和知识结构，它是实现课程目标、实施教学的重要资源。

1. 准确把握内容标准的要求。

2. 整体考虑知识之间的关联。

3. 体现螺旋上升的基本原则。

4. 注重体现数学的文化价值。

（三）小学数学课程内容的呈现原则

组织好小学数学课程内容后，接下来就是内容的呈现问题。一般来说，在不同课程理念和课程目标的指导下，就有不同的内容组织和呈现形式，它通常是由课程编制的价值取向和课程编制的专业技术所决定。在小学数学课程内容的呈现上，应该遵循以下原则。

1. 注意形式的多样化、生动化

低年级学段可以以卡通、漫画、图片、表格为主，并配以适当的文字说明。例如“减法”的教学内容，教材将不同的水果儿童化，用卡通的形式呈现，并赋予其各自的性格，用图片来呈现不同的解答方法，从而代表不同类型学生的想法。

高年级学段在图文并茂的同时，逐渐增加数学语言的比重，可以运

用学生感兴趣的图片、游戏、表格、文字等形式，直观形象地呈现课程内容。如对于如何估计一堆钉子的数量，可以用一组图片来呈现学生活动的场景，也可以用一组卡通图片来呈现，还可以有文字叙述，以有利于激发学生的学习兴趣。

2．留给学生探索交流的空间

《标准》明确指出“有效的数学学习活动不能单纯地依赖模仿与记忆，动手实践、自主探索与合作交流是学生学习数学的重要方式。”因此，我们应该改变课程内容传统的呈现形式，使它有利于学生主动地进行观察、实验、猜测、验证、推理与交流等数学活动。

低年级学段课程内容的呈现要有利于学生进行观察、实验、操作、推理、交流等活动。无论是新课题的引入，还是教学内容的展开，都应力求创设具有启发性的问题情境，体现知识的形成过程。可以通过设立“看一看”“做一做”“想一想”“说一说”“读一读”等栏目，引导学生进行自主性的学习活动；还可以适当提供开放性的问题和合作交流的机会，为学生拓展探索的空间。

高年级学段课程内容的呈现要为学生留有足够的探索和交流的空间，以有利于改变学生的学习方式；要体现知识的形成过程，使学生在经历知识形成的过程中，探索和理解有关的内容；问题的设置要具有启发性，问题的呈现要有利于展开观察、实验、操作、推理、交流等活动，也可以通过设立“看一看”“做一做”“想一想”“议一议”等栏目，引导学生进行探索与交流。

3．体现知识的形成应用过程

课程内容的呈现不是单纯的知识介绍，学生的数学学习也不是单纯地模仿、练习和记忆。因此，课程内容的呈现应选用合适的学习素材，适当介绍知识的背景，设计必要的数学活动，让学生通过观察、实验、猜测、推理、交流、反思等，感悟知识的形成和应用过程。

在设计一些新知识的学习数学活动时，内容的呈现要展现“知识背景——知识形成——揭示联系”的过程，这个过程要有利于激发学生学习兴趣，理解数学实质，发展思考能力，了解知识之间的关联。

4. 突出知识之间的密切联系

数学是一个整体，其不同的分支之间存在着实质性的联系，这一点学生应当有所认识。例如，对于统计与概率的内容，应重视渗透统计与概率之间的联系，通过频率来估计事件的概率，通过样本的有关数据对总体的可能性做出估计等。还应将统计与概率和其他领域的内容联系起来，从统计与概率的角度为学生提供问题情境，在解决统计与概率问题时自然地使用其他领域的知识和方法，为培养学生综合运用知识解决问题提供机会。

5. 关注不同学生的学习需求

课程内容的呈现，还应当满足所有学生的数学学习需求，因此，在保证《标准》所提出的基本课程目标的基础之上，还应考虑到学生发展的差异和各地区发展的不平衡性，在内容的选择与编排上体现一定的弹性，满足不同学生的数学学习需求，使全体学生都能得到相应的提高。

二、小学数学课程内容介绍

义务教育阶段数学课程内容由数与代数、图形与几何、统计与概率、综合与实践四个学习领域组成。

数与代数、图形与几何、统计与概率以数学核心内容和基本思想为主线循序渐进，每个学段的主题有所不同。综合与实践以培养学生综合运用所学知识和方法解决实际问题的能力为目标，根据不同学段学生特点，以跨学科主题学习为主，适当采用主题式学习和项目式学习的方式，设计情境真实、较为复杂的问题，引导学生综合运用数学学科和跨学科的知识与方法解决问题。

（一）数与代数

数与代数是义务教育阶段学生数学学习的重要领域，在小学阶段包括“数与运算”和“数量关系”两个主题。学段之间的内容相互关联，由浅入深，层层递进，螺旋上升，构成相对系统的知识结构。

“数与运算”包括整数、小数和分数的认识及其四则运算。数是对数量的抽象，数的运算重点在于理解算理、掌握算法，数与运算之间有密切的关联。学生经历由数量到数的形成过程，理解和掌握数的概念；经历算理和算法的探索过程，理解算理，掌握算法。初步体会数是对数量的抽象，感悟数的概念本质上的一致性，形成数感和符号意识；感悟数的运算以及运算之间的关系，体会数的运算本质上的一致性，形成运算能力和推理意识。

“数量关系”主要是用符号（包括数）或含有符号的式子表达数量之间的关系或规律。学生经历在具体情境中运用数量关系解决问题的过程，感悟加法模型和乘法模型的意义，提高发现和提出问题、分析和解决问题的能力，形成模型意识和初步的应用意识。

（二）图形与几何

图形与几何是义务教育阶段学生数学学习的重要领域，在小学阶段包括“图形的认识与测量”和“图形的位置与运动”两个主题。学段之间的内容相互关联，螺旋上升，逐段递进。

“图形的认识与测量”包括立体图形和平面图形的认识，线段长度的测量，以及图形的周长、面积和体积的计算。

图形的认识主要是对图形的抽象。学生经历从实际物体抽象出几何图形的过程，认识图形的特征，感悟点、线、面、体的关系；积累观察和思考的经验，逐步形成空间观念。

图形的认识与图形的测量有密切关系。图形的测量重点是确定图形的大小。学生经历统一度量单位的过程，感受统一度量单位的意义，基于度量单位理解图形长度、角度、周长、面积、体积。在推导一些常见图形周长、面积、体积计算方法的过程中，感悟数学度量方法，逐步形成量感和推理意识。

“图形的位置与运动”包括确定点的位置，认识图形的平移、旋转、轴对称。学生结合实际情境判断物体的位置，探索用数对表示平面上点的位置，增强空间观念和应用意识。学生经历对现实生活中图形运动的抽象过程，认识平移、旋转、轴对称的特征，体会运动前后图形的变与不变，逐步形成空间观念和几何直观。

（三）统计与概率

统计与概率是义务教育阶段数学学习的重要领域之一，在小学阶段包括“数据分类”“数据的收集、整理与表达”和“随机现象发生的可能性”三个主题。这些内容分布在三个学段，由浅入深，相互联系。学生在学习过程中，了解统计与概率的基础知识，感悟数据分析的过程，形成数据意识。

“数据分类”的本质是根据信息对事物进行分类。学生经历从事物分类到数据分类的过程，感悟如何根据事物的不同属性确定标准，依据标准区分事物，形成不同的类。在学习统计图表时，学生将进一步认识数据的分类，从中感悟对事物共性的抽象过程，不仅为统计学习，也为数学学习奠定基础。

“数据的收集、整理与表达”包括数据的收集，用统计图表、平均数、百分数表达数据。在学习过程中，让学生初步感受现实生活中存在大量数据，其中蕴含着有价值的信息，利用统计图表和统计量可以呈现和刻画这些信息，形成初步的数据意识。

“随机现象发生的可能性”是通过试验、游戏等活动，让学生了解简单的随机现象，感受并定性描述随机现象发生可能性的大小，感悟数据的随机性，形成数据意识。

（四）综合与实践

综合与实践是小学数学学习的重要领域。学生将在实际情境和真实问题中，运用数学和其他学科的知识与方法，经历发现问题、提出问题、分析问题、解决问题的过程，感悟数学知识之间、数学与其他学科知识之间、数学与科学技术和社会生活之间的联系，积累活动经验，感悟思想方法，形成和发展模型意识、创新意识，提高解决实际问题的能力，形成和发展核心素养。

综合与实践主要包括主题活动和项目学习等。第一、第二、第三学段主要采用主题式学习，第三学段可适当采用项目式学习。主题活动分为两类：第一类，融入数学知识学习的主题活动。在这类活动中，学生将学习和理解数学知识，感悟知识的意义，主要涉及量、方向与位置、负数等知识的学习。第二类，运用数学知识及其他学科知识的主题活动。在这类活动中，学生将综合运用数学知识解决问题，体会数学知识的价值，以及数学与其他学科的关联。

在主题活动中，学生将面对现实的背景，从数学的角度发现并提出问题，综合运用数学和其他学科的知识与方法，分析并解决问题。

项目式学习的设计以解决现实问题为重点，综合应用数学和其他学科知识解决问题，体会数学知识的价值，以及数学与其他学科的关联。

三、小学数学课程资源的开发

课程资源是指有利于实现课程目标的各种因素。既包括能成为课程素材或课程来源的经验、知识、技能、情感、态度、价值观等素材性资源，也包括师资、教学设施、设备、环境等决定课程实施范围和水平的条件性资源。如何开发利用课程资源，防止课程资源被闲置、埋没和浪费，这对小学数学教师提出了更高的要求。

课程资源的开发与利用的宗旨，是要反映教学目标、社会需求、学生需要、学习内容的整合和师生的心理需要。因此，只要有利于实现教学目标，满足学生兴趣爱好，符合学生年龄特点，促使学生主动学习、和谐发展的资源都可以开发和利用。在进行课程资源的开发与利用时要注意需要性、适应性、实效性三个原则；并要注重教材内容的开发和利用、学生内部经验的开发和利用、实践活动的开发和利用、信息技术的开发和利用。

第三章　小学数学教学方式与设计

第一节　小学数学教学方式

一、探究式教学

（一）探究式教学的含义

1. 探究式教学的内涵界定

所谓探究式教学，就是以探究为主的教学。具体来说它是指教学过程在教师的启发诱导下，以学生独立自主学习和合作讨论为前提，以现行教材为基本探究内容，以学生周围世界和生活实际为参照对象，为学生提供充分自由表达、质疑、讨论、探究问题的机会，将自己所学知识应用于解决实际问题的一种教学方式。它重视开发学生的智力，发展学生的创造性思维，培养学生的自学能力，力图让学生通过自我探究、自我学习来掌握科学的方法。

教师作为探究式课堂教学的引导者，其任务主要集中在三个方面：一是调动学生的积极性，促使学生主动获取知识、发展能力。二是要为学生创设有利于探究学习的环境，教师不仅要创设民主和谐的课堂氛围，还应提供丰富的教学材料、各种教学仪器和设备等供学生使用。三是要提供必要的帮助和指导，在学生遇到困难时予以点拨和指导，使其明确探究的方向。

2. 探究式教学的特点

小学数学探究式教学是指以探究为主的数学教学，具体是指在教师的启发诱导下，充分调动、发挥学生的主体性，让学生在观察、猜测、分析、操作、讨论、交流和归纳的过程中，理解数学问题的提出、数学概念的形成和数学结论的获得，以及数学知识的应用，从而培养学生的探究意识、创新精神和实践能力。学生在教师指导下，以类似科学研究的方式经历数学知识"再创造"过程，这种方式不仅仅是简单地证明事实，而是通过探究使学生有所发现，形成探究的意识和习惯。因此，小学数学探究式教学具有以下特点。

（1）趣味性

小学生的生活阅历尚浅，知识经验贫乏，他们对身边的事物感到陌生和好奇，探究是他们的天性。但是儿童总是以自己的方式进行各种各样的探究活动，如看一看、摸一摸、量一量、猜一猜、试一试、想一想等，这种探究过程不严密、不科学，无论在程度上还是规模上都与科学家的探究活动存在着极大的差异。我们对儿童在数学课堂上进行的探究要求不能太高，要从儿童原有的知识经验和年龄特点出发。因此，教师在课堂教学中要依据小学生的年龄和心理特点，创设有意义、富有趣味、适宜的挑战性问题情境，尽量让数学问题生活化，联系学生生活和社会实际。

（2）操作性

小学生的思维以形象思维为主，对数学规律、数学性质的认识以及空间观念的形成等都是通过一系列操作活动来完成的。因此，数学教学中教师要利用多种手段为小学生创设动手操作的机会，让他们在"做中学"，在"玩中学"，在"游戏中学"。借助形象的操作，学生对数学规律进行抽象、概括，在操作中逐渐发展科学地看问题、分析问题，进而解决问题的能力。

（3）阶段性

根据皮亚杰的儿童认知发展理论，阶段性是儿童心理发展最显著的特点。在整个小学阶段，学生会经历低年级、高年级两个不同的学习阶段，在不同学段，儿童的认知水平、思维能力和个性品质等都有很大的差异，不同学段的不同特点决定了学生的探究活动有很大的不同。如小学低年级的学生以直观形象思维为主，思维发展水平尚低，还不能完全理解事物间的因果关系，因此这一阶段的学生以直观观察、动手操作活动为主；而小学高年级的儿童则具有了一定抽象逻辑思维能力，对于这一阶段的学生来说，运用简单的实验设计来探究问题成为可能。

(4) 情感性

在小学开展探究教学，目标并不完全指向形成科学的探究方法与技能，更多的是为丰富学生的情感体验，如激发学生学习数学的兴趣，养成数学的批判意识，形成乐于探究的科学素养等。教师在教学过程中，应该有意识地激发学生的学习动机和兴趣，加强与学生的情感交流，以表扬鼓励为主，激发学生的探究欲望。同时，教师应提倡学生与学生之间积极的情感沟通，互相尊重，协同合作，为学生构建一种愉快、融洽的探究氛围。

(5) 过程性

在探究式教学中，教师不是直接告诉学生有关的知识和认知策略，而是通过设置探索性的问题情境，使学生能够独立自主地发现问题，通过观察、实验、操作、体验、调查、猜测、验证、推理与交流等数学活动，经历探究过程。学生通过这个过程，理解数学问题是如何提出的，数学概念是如何形成的以及数学结论是如何获得和应用的，真正理解和掌握基本的数学知识与技能、数学思想与方法，获得并积累广泛的数学活动经验，掌握解决问题的方法。

(二) 探究式教学的意义

1. 有利于发展学生的数学学习能力

探究式教学在数学应用中的一个基本特征是让学生通过观察、实验、猜想、论证等各种探究活动，自己得出数学结论。这个过程为学生提供了实践和锻炼的机会，使他们获得科学探究过程的直接经验，能从不同角度、不同层面深入理解数学知识，自主建立数学知识之间的联系，从而在面对实际问题时，更容易激活自己的数学知识，灵活地运用数学知识解决问题。此外，这种教学方式不仅让学生获得数学结论，还能让学生了解数学概念、公式、法则的产生渊源和发展过程。在小学数学教学中开展探究式教学可以让学生在具体问题的探究活动中掌握数学学习的方法，养成良好的学习习惯，增强学生的探究能力和学习能力。

2. 有利于培养学生的创新意识和创新能力

数学探究式教学鼓励学生在探究学习中敢于提出自己的问题，发表自己的见解，标新立异，不怕失败，也只有这样，才能充分张扬学生的个性，激发学生的创新激情，真正培养学生的多种能力，为培养学生的创新意识和创造能力营造良好的氛围。在自主探索过程中，教师可以引导学生从不同的角度、不同的方面对数学问题进行分析，获得多种解题方法和策略，这样，学生思维的灵活性与创造性在探索问题的过程中才能得到进一步锻炼。

3. 有利于小学教师的专业化发展

在小学教学中开展探究式教学对教师提出了更高的专业素质要求，因为教师不仅要面对学生提出的各种问题，而且要对学生在探究过程中产生的困惑做出正确的回应，引导学生正确地进行探究学习。这就要求教师要投入更多的时间和精力，进行教育教学研究，提高自己的综合素质，以适应数学探究式教学的要求。

以教促研是当前教学发展的一种必然的趋势。教师主动参与教学研究，提高自身专业素质，有利于促进教师的专业化发展，从而实现教师角色从“教书匠”向“学者”的转变。

4. 有利于转变学生被动接受的学习方式

探究式教学改变了师生的角色地位，教师从居高临下的“权威”角色变为师生平等共处的“同伴”角色，从知识的传授者变成学生学习的引导者。同时学生也从单纯的学习“教科书”走向面向实际生活的学习，从整齐划一的学习走向个性化的学习，从被动接受者转为主动参与者，这从根本上改变了学生被动接受的学习方式。因此，探究式教学不仅适应了新的教育理念的要求，而且能有效地转变学生被动接受的学习方式，形成师生互动、共同发展的生态教学。

（三）探究式教学的实施步骤

1. 创设情境，提出问题

小学生年龄小、知识少、阅历浅，在他们的认知中，形象思维往往处于优势地位，但小学生也具有一定的生活经验，因此，教师在教学中可创设富有趣味性及生活化的问题情境，激发学生的好奇心和强烈的求知欲，以此调动学生的积极性。教师可采用设疑、猜谜、讲故事、竞赛、角色扮演等形式创设情境，让学生在兴趣盎然的活动中思考并发现问题、提出问题，也可从小学生的实际生活出发，创设生活情境，让学生在熟悉的画面中产生问题。如在讲“年、月、日”时，可为学生创设一个猜谜语的问题情境：“一物生来真稀奇，身穿三百多件衣，每天给他脱一件，年底剩下一张皮。”学生会兴致勃勃地猜出谜底并满怀激情地投入新知识的学习中。

2. 围绕问题，提出和形成假设

教学中，教师要引导学生围绕所提出的问题进行观察思考，借助直观形象的数学模型，运用类比、归纳等数学方法鼓励学生大胆猜想，多方进行验证，形成假设。这不仅能培养学生的创造性思维，有利增强学生学习数学的主动性，还能培养学生的创新能力。如教学“三角形内角和”这一课时，先让学生拿出熟悉的三角板，让学生说出每个角的度数，它们的和是多少，由此让他们猜测其他三角形的内角和是多少度。随即同学们拿出手中的不同类型三角形，分工合作量一量，发现它们的内角和也是180°，由此猜想，三角形内角和是180°。

3. 自主探究，验证假设

学生基于猜想所形成的假设，往往感性成分较多、理性成分较少，认识不深刻。因此教师在鼓励学生猜想的同时，也应让学生明确假设要通过验证才能成立。这一阶段要求学生通过各种途径收集资料作为验证假设的证据，教师根据学生的需要创设探究情境让学生进行探究，这种探究可以是个体独立探究，也可以是小组合作交流探究或者是二者交错进行。通过学生的探究过程，让学生自己去发现新知，验证自己的假设。

4. 概括结论，实践运用

这一阶段主要是教师根据学生探究形成的多种结果组织学生进行归纳总结，实现知识的内化、延展和升华。另外，学生在理解了新知识后还要将所学的知识运用于实际的问题解决中，使知识得到巩固和运用。为此，教师在设计练习时要有计划、有目的、有层次，由浅入深、由易入难，面向全体学生，及时反馈并强化学生的良好行为，不断提高学生运用知识的能力。

（四）探究式教学的实施建议

1. 创设宽松融洽的氛围

首先，要使师生之间形成互相尊重、民主与平等的关系，允许学生发表不同意见，鼓励学生敢说敢想，主动学习，乐于探索。其次，教师要给学生更多的自由和自主权，提供足够的时间和机会，让学生在一定的指导下，独立地探究学习内容，力争主动提出问题、分析问题和解决问题，也可以让学生互相合作学习，大胆猜想，各抒己见。如教学“分米、厘米的认识”时，为了让学生对“分米”“厘米”有更直观的认识，教师创造机会，给学生足够的时间和空间，让学生去测量周围物体的长度，如课桌、书本、墙上的瓷砖等，学生可小组合作，也可以到室外去，在这样轻松的气氛中，有利于学生掌握新知。

2. 激发好奇心，诱发求知欲

创造性想象的前提是好奇心，学生具有了强烈的好奇心，才能诱发求知欲望，才有大胆的“奇思异想”。如在教学“能被 2、3、5 整除的数”时，课始，教师便说：“同学们，今天大家来考考老师。”“怎么考?”“大家可以随便报一个整数，我不通过计算就能很快判断它是否能被 3 整除。”学生不太相信，纷纷举手报数，85，111，135，2016，5988，3100……不管学生报什么数，教师都能一口答出。此时，学生的好奇心被激发出来，产生了强烈的求知欲，喊道：“老师快告诉我们，你有什么妙计?”教师便顺势引入新课。

3. 注重培养学生的发散思维

一切创造性劳动都是从创造性思维开始的，而发散性思维又是创造性思维的核心。在教学中，要注重学生发散性思维的训练。首先，教师要善于设疑，引导学生大胆质疑，鼓励他们标新立异，哪怕他们的想法有时是荒唐、幼稚的，学生有疑问，有思考，才会有所创造。其次，要加强学生思维的多向训练性，培养学生多角度分析问题，解决问题，培养逆向思维的能力。

4. 培养学生的动手能力

探究式教学离不开学生的动手实践操作，学生手脑并用有利于主动参与知识的形成过程，从而更好地进行探究。但小学生的年龄小，观察思考能力、抽象思维能力和分析推理能力还存在着很大局限，因此在小学数学课堂教学中，教师应当着眼培养学生的动手能力，引导学生真正实现“自主探索、自主学习”。例如，在六年级“图形的变换”一课的教学中，教师在学生完成观察思考后请一位同学来到讲台上，同学在教师的指导下按照要求演示如何画出对称图形，如何对该图形进行平移和旋转，然后要求其他学生在自己的草稿本上按照同样的方式画出自己的图形变换图，让学生思考从这一画图中得到了什么启发，并询问是否可以用其他方法来变换图形。通过这一方式，小学生的动手操作能力得到了较好的训练。此外，在学生动手操作的过程中，教师还要注意培养学生的创新意识。

二、参与式教学

（一）参与式教学的含义

1. 参与式教学的内涵界定

参与式教学作为一种教学方式，是以学习者为中心，以活动为主，倡导师生平等参与。它是以学生参与课堂教学的行为特征及发展规律为依据，以营造民主、平等、和谐的课堂气氛为前提，以调动学生的学习愿望、唤起学生个体发展需要为核心，以学生在情感、思维、动作等方面积极主动愉悦地参与学习过程为基本特征，让不同层次的学生都拥有主动参与和主动发展机会的一种教学方式。

小学数学参与式教学是指在小学数学课程标准的指导下，以小学生的身心发展特点为基础，由数学教师和学生共同参与教学，以激发学生的数学学习兴趣，增强学生的数学知识、提升学生能力、提高学生的数学素养和培养学生的创造与协作精神为目的的一种数学课堂教学形式。

2. 参与式教学的特点

参与式教学要求师生围绕研讨的问题，共同参与寻求解决问题的方法，促进师生共同发展。其出发点是让所有参与者都积极主动参与学习中，目的是使每个具有不同背景、个性、知识经验的学生都能有效参与。其具有以下特点。

(1) 主体性

在参与式教学中，学生在教师的指导下积极主动地参与教学活动中，通过多种活动自主解决教学过程中的问题，创造性地完成教学目标，充分体现学生的主体性。在这个实践活动中，学生是主体，没有了学生这个主体，学生的学习就无从谈起，整个教学活动就没有了中心，教学就失去了意义，教学活动就无法开展。同时，教师也是参与式教学的主体，指导学生沿着正确的方向学习，没有了教师这个主体，学生的参与将失去方向。因此，参与式教学要求师生都主动参与其中。

(2) 交互性

参与式教学过程是基于师生之间以交流、对话、合作为基础而共同参与的实践活动的过程，是师生平等交往的过程。教师在各个阶段都需要倾听来自学生的声音，了解学生的看法和意见，不仅在设计参与式教学时需要与学生交流互动来了解学生的情况，在具体实施时更需要师生间、生生间的交流互动、相互协商。因此，师生参与教学的过程，实质上就是师生交往的过程。从这个意义上说，参与式教学改变了传统课堂教学中的师生交往模式，师生间的单向交往演变为双向互动，教学成为教师和学生双向互动的过程。

(3) 开放性

参与式教学通过营造开放式课堂来激发学生参与的积极性与创造性。参与式课堂教学从教室内桌椅、墙壁的布置和教师的行为举止到教学设计的目标、内容、过程等均有相当大的灵活性，留有展示学生个性、发挥才能的足够空间。这种教学方式没有固定的模式，学生可以对教师的设计提出自己的看法，教师可以根据学生的需要随时调整教学的内容和方式，根据现实情境、师生间以及生生间的讨论与交流情况等现实需要而动态变化。

(4) 合作性

学生在参与式教学法的实施过程中，仅凭自己的能力难以解决的问题需要通过小组和集体的智慧创造性地解决问题，因此，参与式教学往往以分组合作学习的形式开展。合作性学习为学生提出问题、开展讨论、尝试错误、听取别人意见、提出建议及总结他人的成果提供了良好的组织形式，有利于学生之间经验的交流与分享，它为每一个同学提供了成功的机会和发展创造性思维的空间，为参与式教学法的开展提供了保障。

(二) 参与式教学的意义

1. 有利于激发学生内在的潜力，培养实践能力

参与式教学作为鼓励学生参与教学全过程的教学方式，体现了师生两个主体在教与学之间相互参与、相互激励、相互协调、相互促进的和谐关系，为学生内在潜力和创造力的激发提供了前提条件。不论何种形式的参与，其参与过程的每个环节都以培养学生能力和提高素质为着眼点，培养创新意识，提高实践能力，并在此基础上激发学生的创造能力。参与活动还可以延伸到课下，学生通过参与各种社会实践活动，来增强和锻炼他们运用科学理论分析问题、解决问题的实际能力。

2. 有利于学生发现问题，探究问题

一切问题都是人们在活动中发现并解决的。参与式教学不仅要求学生内部活动积极参与，而且要求人体各主要器官呈活跃状态，使口、

眼、耳、手有机配合，产生动作的综合效应。在教学过程中，教师设计各类活动和相应的教学组织形式，使学生的种种学习感官都动起来，有助于学生及早进入学习状态，从中发现问题、研究问题和解决问题，从而为学生有效地实现探究性学习准备前提条件。

3．有利于教学信息的及时反馈

要充分了解不同层次学生的学习情况，就要让学生积极参与教学。参与式教学是师生双方基于平等、民主的交流与沟通而形成的一种共同参与教学的过程。学生在积极参与教学的状态下，师生之间的信息流形成了双向反馈的模式。在参与过程中，教师在与学生的交往中获得来自学生的信息，定期了解学生对教学的看法、建议和要求，及时调整教学的进程和步骤，更好地改进教学以满足学生的要求。学生参与教学的面越大，反馈的信息就越全面、越充分，教学就越能有针对性地面向全体学生。教学过程中师生双向互动交往增加了学生参与的深度，充分调动了学生的自主性，极大限度地发挥了学生的潜能和优势。

4．有利于促进学生的非智力因素发展

参与式教学将学习放在活动之中进行，使学生对数学产生良好的情感体验，培养学生对数学的学习兴趣，提高学生学习数学的主动性、积极性和持久性。另外，参与也是一种“劳动”，这种“劳动”不是一蹴而就的，面对问题，学生不仅需要开动脑筋，积极思考，还需要有顽强的毅力以及克服困难、战胜困难的勇气。学生在参与中经历了困惑、焦虑、喜悦和激动等情感的变化，获得了大量的数学知识、经验，形成了思维能力，丰富和发展了兴趣爱好，在活动中也逐渐养成了良好的思考习惯、顽强意志、科学态度和学习方法。同时，这种参与过程还要求学生之间、师生之间相互沟通，共同合作，也促进了师生之间的互动交流。

（三）参与式教学的实施原则

1．遵循学生身心发展规律的原则

小学生生理和心理的发展具有阶段性和顺序性。小学阶段的学生主要是通过具体的操作活动及活动体验对事物产生表象，然后通过语言及具体的行为将其表现出来。因此，在参与式教学活动的设计中，要从学生年龄特征出发，所设计安排的活动内容和形式必须符合学生身心发展规律，能引起学生的共鸣和认同，学生才会兴趣盎然地投入其中。另外，小学生好动、注意力集中时间短，单一的教学方法常常会使他们厌倦，因此在教学过程中教师应采用多种参与式教学方法，如游戏活动、创造性活动等，充分调动学生的多种感官，将习得的知识内化成自己的经验。总之，小学数学参与式教学的设计必须按照学生的身心发展规律进行，才能取得较好的效果。

2. 整体性原则

一方面，在参与式教学设计中，学生应该参与整个教学设计过程，这是一种完整的参与、全程的参与，并不只是其中的一个阶段或者一种象征性的参与。在参与式教学设计前，教师应分析学生的学情，明确学生需求，让学生参与分析教学环境，参与制定教学目标与实施方案；在方案实施中，师生均需做出自己的努力以确保教学方案顺利实施，这需要学生参与创设教学氛围，准备教学材料，参与教学监控等环节；在评价反馈阶段，了解学生是否掌握了所学内容，听取学生的反馈有利于更好地明确教学方案对各个学生所形成的结果，为下一次教学设计的改进与优化提供借鉴。另一方面，学生是整个人参与教学中，是行为参与、情感参与、心理参与三者的有机统一，而不只是单纯的行为参与。参与式教学中既有对如何有效参与教学进行思考，对教学中存在的问题进行反思等心理的参与，还有对设计出高质量教学方案的责任感，对教学获得成功的成就感等情感方面的参与。

3. 倾听与反馈原则

参与式教学是师生基于交流与沟通的一种交往互动过程，它不仅需要师生之间的交流沟通，也需要生生之间互相听取建议，共同分享学习经验，因此，倾听和反馈是参与式教学必不可少的原则。不论是在课前还是在课中，教师都要认真倾听每个学生的表达，从中洞察学生的意见和想法，了解学生的收获与疑问，关注学生的感受与经验，形成真正意义上的师生互动；同学之间也要学会倾听，对他人的思想进行批判性的吸收。因此，要重视倾听原则，让教学中的主体能够倾听他人的声音，构建和拓展自己的知识体系。此外，积极、有效的参与行为必须通过及时的反馈才能得以强化。教师通过反馈了解和评价学生的学习与发展状况，发现学生的优势与不足，并分析相关原因，在此基础上提出合理的改进建议。没有反馈的交往，只能是单向的无效的交往，教师和学生只有在交往中重视反馈，并根据反馈做出调整，才能使教学活动更有针对性，并朝着健康的方向发展。

4. 面向全体与个别指导相结合的原则

在参与式教学实施中，教师既要面向全体学生普及性地传授知识与技能，同时又要对个别学生进行指导。因为参与式教学所面对的学生是千差万别的，每一个学生都有其独特的价值与意义。教师要注意学生的个别差异，努力开发每一个学生的潜能，尽可能选择能够发挥其特长的教学方法，以适应不同学生的学习需要，切实落实因材施教，促进每个学生的充分发展。另外，还要帮助不同层次的学生，尤其是学困生，给予他们鼓励以树立其参与的信心。因此，教师在教学中既要注意参与式教学的全员参与，也要注意破除对所有学生整齐划一的做法，给学生“与众不同”的言行以一定存在的空间，并能针对这部分学生给予及时、有针对性的指导和帮助。

（四）参与式教学的实施步骤

原则上说参与式教学没有固定的模式，它不是在教学开展之前就设定一个模式或操作程式并严格按此程序来开展的，而是根据现实情境、师生间及生生间的讨论与交流情况灵活地开展。

1. 设计问题，创设情境

思维通常总是始于疑问或问题，始于疑惑与矛盾。教师在分析教学内容的特点和学生已有知识与能力的情况下，有意识地设置有一定障碍性的认知冲突，提出问题。问题的设计应注意：一是学生能利用已有知识去“同化”或“顺应”新知识，对原有的认知结构进行扩充或改造、重组，最终达到对新知识的了解；二是问题难度应符合“最近发展区”原则，对学生既提出了一定的挑战，又能通过努力解决问题；三是问题的材料来自学生的实际生活，创设一种吸引学生的情境和氛围，让学生积极主动地参与教学活动。

2. 探究尝试，合作交流

针对上一阶段的问题，教师给予学生充足的机会和时间让学生独立思考、探究，在每个学生都对问题进行了充分思考后，鼓励学生将自己的见解与其他同学交流。这个过程中，教师作为参与者，要主动地参与学生的讨论中，并适时启发与指导，保证学生的学习是沿着正确的方向在进行。

3. 引导概括，揭示规律

在学生经过自主探究并与同学交流讨论之后，让学生尝试自己解决问题。在学生出现问题时，教师要及时启发和指导，引导学生完成整个推论过程，通过师生、生生之间的共同参与解决问题。在这个过程中，教师要注意捕捉学生的突发奇想，保护学生的思维“火花”，鼓励学生创造性地解决问题，这些往往是学生创新意识的萌芽。

4. 引申拓宽，巩固提高

学习新知识后，学生需要通过练习进一步巩固所学的知识。教师可以设计一些能体现课本精华，有典型性、启发性的练习题，使学生通过练习不仅能掌握一类问题的解题方法，加深对相关知识的理解，而且能形成其数学思想。同时，教师也可设计一些课堂小游戏，通过学生的亲身体验，不断地将知识熟练化。无论是练习题还是课堂游戏，教师都要允许学生走弯路，不要等学生还未反应过来就急于提供答案，让学生通过思考或与同学讨论自己得出答案。

5. 激励评价，归纳总结

经过前面四个阶段的学习，教师要引导学生对所学知识、规律、思想方法进行归纳、总结，也可以通过学生之间的相互补充进行总结。在学生归纳、总结的基础上，教师要进行必要的补充、完善和梳理。教学中应坚持多元评价，抓住学生的闪光点，努力促进不同层次的学生积极参与课堂教学之中。

（五）参与式教学的实施建议

1. 创设情境，提高学生的参与兴趣

良好的教学情境要能够激活学生原有的认知结构，使学生自觉积极地进入特定的状态。教师在数学教学过程中要注意创设合适的数学教学情境，诱发学生的学习动机，激发学生参与教学的兴趣。情境内容首先要与所教的知识紧密联系，要善于设置悬念，以旧引新。其次，情境创设要使学生明确或初步明确学什么以及为什么学。再次，情境创设要具有直观性和启发性，尽量用形象动听的语言、具体生动的事例或实验导入新知。最后，情境创设要具有教育性和趣味性，使其有一定的思想和艺术魅力。

2. 培养学生的参与意识，提高参与能力

参与意识是学生积极参与教学的基础。积极主动参与的意识表现为好奇、寻根问底、渴求知识、勇于探讨和发表自己的见解，善于接受他人的观点，尊重不同的意见等。另外，学生仅有参与的意识还不够，还必须具有参与的能力，参与能力的高低直接制约着学生参与学习活动的质量。因此，在数学教学中，教师要从多方面培养学生主动参与的意识，提高其参与能力。首先，要培养学生的问题意识，让学生学会提问，大胆质疑。如在教学“比例尺”一课时，学生可以提问：什么叫作比例尺，怎样把如此大的地球画在图纸上，在一张中国的地图上能否算出家乡与首都的距离，等等。其次，教师要教给学生学习数学的方法，要帮助学生掌握科学的学习方法，使之学会如何参与，让学生“会学”，提高学习质量。最后，教师通过给学生布置调查或查阅性作业以及让学生写调查（实验）报告和小论文等方式，提高学生的参与能力。如教师可以为学生开设数学活动课与教学实验课，组织学生到社会实验基地参加社会实践活动，进行社会调查与实验操作。在此基础上，让学生写调

查报告等，通过开展课外实践活动，提高学生的参与能力。

3. 提供参与机会，让学生全员参与

现代教学论认为，数学学习过程是一个认知过程，是新的学习内容与学生原有的数学认知结构相互作用，形成新的数学认知结构的过程。在这个认知过程中，学生是认知的主体，他们的主动参与是数学认知结构发生变化的内部动因。因此，教师在课堂中一定要为学生提供活动的机会与思维的空间，给学生留有足够的参与时间和空间，让学生去自主学习、思考和讨论，使每一个学生都能广泛参与。同时，教师在教学中要注意不要把学生置于被动状态，这样会抑制学生学习的积极性，阻碍学生强烈的求知欲，课堂教学应营造一个平等、和谐、活跃的气氛，在这种良好的课堂气氛中，全体学生会不自觉地参与教学活动中。

三、讨论式教学

（一）讨论式教学的含义

1. 讨论式教学的内涵界定

讨论式教学是指为了实现一定的教学任务，经过预先的设计与组织，在教师的指导下，学生以小组或全班为单位，围绕中心问题，通过讨论或辩论活动，相互启发、取长补短，充分发表见解，激发思维碰撞、产生思想火花，达到获得知识或巩固知识的一种教学方式。

2. 讨论式教学的特点

讨论式教学是在教师主导下的以生生、师生讨论为主要教学手段的一种教学活动，其具有以下特点。

（1）学生的主体性

学生作为讨论式教学的主要参与者，要充分发挥其主体地位。数学学科与实际生活联系紧密，因此讨论的主题一般都来源于生活。开展讨论式教学前，学生可以通过网络、书籍等方式搜集相关的资料。课堂讨论时，教师虽然也参与在教学过程中，但教师的角色不再是权威的知识灌输者，而是学生学习的指导者。同时，教师应营造和谐、平等的课堂氛围使学生有机会在课堂上发表自己的观点，反驳不同的看法，总结他人的经验．获得自己的认知等，充分发挥学生的主体地位。

(2) 信息的多向交流性

讨论式教学的核心在于师生的共同参与，它要求充分发挥学生的主体作用和教师的主导作用，在讨论过程中形成师生之间、生生之间信息多向交流的反馈结构。在讨论式教学中，首先，学生的讨论要通过反馈使教师及时掌握学生的学习情况并做出指导，促进学生的进步，同时学生的讨论也能引发教师的思考，对于改进教师的教学有重要的作用。其次，讨论中也要有生生之间的交流与沟通。某个学生发表自己的见解，其余学生倾听他的想法并给予反馈，这个学生听到其余学生的讨论也认识到他们的看法，结合自己的观点形成对所讨论问题的新认识，达到生生之间互相启发、共同发展的目的。因此，讨论式课堂教学的信息交流呈现多层次、多渠道、多方位的特色。

(3) 思维的灵活多样性

在数学学科中，一个问题的提出和解决往往会涉及其他问题。在解决问题的过程中，很多关键信息并不是显而易见的，需要学生仔细寻找，反复推敲，逐个攻破，最终才能解决问题。在这个过程中，学生的思维发展往往很难笔直向前地达到最终目标，一般需要分几个阶段，有时甚至需要循环往复才能抓住问题解决的关键。另外，对于许多数学问题，其解决方法不止一种，同样的问题，从不同的角度出发，利用不同的方法和公式，也可以得到相同的结果。针对这一特点，需要学生具有良好的求异思维和发散性思维，即依据一定的知识，灵活而全面地寻求对问题的各种可能的解答。

3. 讨论式教学的形式

(1) 根据参与人数的多少，可以将讨论的形式分为小组讨论、全班讨论和混合形式结合讨论。

小组讨论就是把全班学生分成若干小组进行讨论。小组可以是 2 人组、4 人组，也可以是学生自愿组成的 6 人组或更多人数的小组，学生由原来的大集体转入小集体。由于每组人数较少，讨论的时间相对宽裕，每位学生都能充分地表达自己的观点并能得到及时的反馈，有利于激发学生的参与意识。

全班讨论也就是集体讨论，是以全班为单位进行讨论，参与讨论的人数多，能集思广益，能更好地锻炼学生的思维能力和应变能力。但是这种讨论形式加大了教师引导讨论的难度，不易控制，而且在课堂短短的40分钟内不能保证每个人都有发言的机会。

混合形式结合讨论就是结合上面两种讨论形式，一般是先小组讨论后全班讨论。教师预先准备若干问题，让各组从中选择一题，各组分别进行讨论，问题可以相同也可不同，然后在全班汇报本组对这个问题的见解，从而达到互相交流、取长补短的目的。这种讨论一般可由各小组选派一个同学发言，同时小组其他成员可进行补充。

（2）从讨论式教学与其他教学方式的关系来看，可以分为全程讨论和穿插讨论两种形式。

全程讨论就是在整个课堂教学中，将讨论式教学作为主导方式独立进行的一种教学形式，一般在高年级学生中使用。这一形式要求学生要有一定的知识基础和经验积累，且有灵活的思维和清晰的思路。讨论过程逻辑性较强，涉及面广，信息容量大，跳跃性强，需要教师和学生都做好充分的准备，比较耗时。

穿插讨论就是在运用其他教学方式中穿插运用讨论式教学，讨论式教学在其中不占主导，只是起辅助性作用。由于是穿插运用，因此需要教师灵活自如地收放讨论节奏。这种讨论规模较小，时间不长，一般不需要学生进行专门的准备。

（二）讨论式教学的意义

1. 有利于培养学生的质疑精神和创新意识

在讨论式教学中，学习不再是单纯的知识传递过程，而需要通过师生间、生生间相互讨论、共同协商达成共识。教师不再是课堂中的权威，而是要营造平等、自由、信任的学习氛围，对于学生的奇思妙想不妄加评论，而是让他们通过讨论，与其他同学一起分享，集思广益，丰富认识，形成新思路。同时，讨论式教学的课堂也是一个充满矛盾的课堂，每个学生的能力和思维存在着差异，都有自己独特的观点和不同的见解，因此在讨论中，学生既要批判、质疑他人的观点，也要包容、接纳他人的见解。而当自己的观点受到质疑时，要使自己从常规、呆板或带有偏见的思维方式中解脱出来，探求新的解决办法去补充、修正自己的观点。这一过程拓宽了学生的思维，使学生体会到思维的灵活多样性，学会从不同的角度、方面去思考问题，有助于培养学生的质疑精神和创新意识。

2. 有利于培养学生分析和解决问题的能力

数学学科鼓励学生能够提出疑问、大胆假设、小心求证，着重培养学生的分析、综合、批判、归纳等能力。讨论式教学法让学生参与教学实践，有利于培养学生的各种能力。首先，讨论式教学中讨论的问题一般都具有一定的难度，学生需要对这些问题进行反复咀嚼，层层分析才能透彻认识问题，并将书本知识和实际问题紧密结合才能找出这类问题的解决方案，这样，学生运用知识解决问题的能力便得到了提高。其次，学生在参与讨论的过程中，不仅加深了对知识本身的理解，深刻领会了知识的内涵，提高了比较、鉴别和分析的能力，而且师生、生生间讨论要求学生具有敏锐的观察力、敏捷的思维力、较好的综合分析能力，长期这样的训练能有效地提高学生理论联系实际的能力。

3. 有利于培养学生的合作精神和语言表达能力

通过小组合作讨论可以解决原本解决不了的问题，达到目标。有时为了整个集体的利益，讨论小组需要力求达成共识，但这并不是只要接受所有人的观点就可以，而是要每个人都积极发言、争论，通过成员的共同努力才能达到，这要求同学之间必须具有合作精神和团队意识。事实上，当小组内部的争议较激烈时必须通过协商来完成，需要部分学生放弃或修正自己的观点，这有助于建立组员间融洽、和谐的关系，培养学生的大局意识和合作精神。讨论式教学也为学生训练口头表达能力提供了舞台，小组讨论为每个学生提供了一个语言交流的平台，讨论中需要学生把自己的观点通过口头语言的形式清晰准确、言简意赅地表达出来，学生在阐明自己观点、驳斥对方观点的一系列活动中，其语言表达能力也得到了锻炼和提高。

4. 有利于促进教师的专业化发展

一方面，讨论式教学关注学生主体意识的发挥，要求调动学生学习的积极性和创造性，而教师是学生学习的组织者、引导者、促进者和合作者，在学生的讨论学习中起辅导、帮助、引导作用。教师的角色不再是传统的课堂支配者和控制者，应向新课堂所倡导的方向转变。另一方面，讨论式教学的顺利开展需要教师的精心设计。如教师要根据教材结合学生的特点精心设计讨论的问题，并初步设计出如何进行讨论，如何激发学生的学习动机，对讨论的形式、讨论的展开、讨论的深入、讨论的归纳等都要做到心中有数。这对教师提出了很高的要求，需要教师不断提高自己的素质。

（三）讨论式教学的实施步骤

1. 引入讨论

引入讨论，就是把要学习的新知识设置到具体的、有意义的问题情境之中，通过情境的创设，激发学生的好奇心，启发学生组织有效的讨论。教师在引入部分要注意做好学生学习新知必备的知识基础和思维方法的铺垫，根据新知识的生长点找准学生的“最近发展区”，同时注意给学生提供充分的感知素材，以引起学生的认知冲突，设置讨论情境。

2. 讨论交流

讨论阶段是讨论式教学的中心环节，要求师生全身心地投入，教师要引导学生合作讨论、分析问题，在讨论中使问题一步步最终得以解决。在这一过程中，教师首先要向学生传达讨论的纪律，用以规范和引导学生的言行。其次，教师要注意归纳指导，引导、启发学生思考问题，使学生从多个角度进行深入思考与探索，形成多元回答、生成丰富而有个性的策略，碰撞出新的思想火花。再次，教师要调控好整个讨论进程，以确保讨论能够顺利进行。如果发现有的学生跑题或偏题，教师要及时提醒或是以适当的问题把话题拉回来。这一阶段一般是先进行小组讨论，之后再进行全班交流，每个小组都可以发表自己的观点，可以选派一名代表发言，也可以多人合作展示成果，其他组的同学不仅可以从中取得借鉴，而且也可以反驳、质疑和提出问题，在充分讨论的基础上进而解决问题，掌握新知识。

3. 巩固总结

讨论中由于学生的发言零散，结论可能不明确，因而教师要及时总结讨论的结论，对所学内容进行归纳整理。经过讨论解决问题之后，教师还要引导学生举一反三，进行知识的整合与迁移，巩固新知识。教师可以通过设计一些数学习题，帮助学生进一步巩固、深化所学知识。

4. 反馈评价

教师要在充分肯定讨论成果的基础上对讨论中的不足做出评价，表扬讨论中有见地的同学，对于讨论中出现的错误观点，教师要分析其根源，澄清模糊认识等，还可以通过学生自我评价及小组成员互相评价来对讨论过程进行总结。另外，适时反馈也很重要，包括学生对自己的表现、对讨论主题及对教师组织讨论的满意程度的反馈。

（四）讨论式教学的实施建议

1. 灵活运用多种讨论方式，教给学生讨论方法

目前，讨论式教学中比较常用的是同桌讨论、小组讨论、全班讨论的方式。一般来说，同桌讨论适合于较简单的问题，学生之间稍作启发就可以解决。小组讨论比较灵活，组内的每个学生都有参与学习、表达自己观点的机会，这种方式也是目前课堂讨论中最常用的一种方式。全班讨论规模较大，常用于解决重难点问题或存在争议性以及一些没有固

定答案的问题，全班学生可各抒己见，言之成理即可。当然，讨论方式不是一成不变的，教师要根据讨论问题的内容及学生的实际灵活选择。同时，教师要教给学生不同的讨论方法，让学生学会讨论，例如：如何清晰、明确地表达自己的意见；如何质疑、辩论不同的意见；小组负责人如何组织组员围绕问题进行讨论；如何集中意见在班上汇报等都要教师组织训练，学生掌握要领后才能较好地进行讨论。

2. 精心设计讨论问题，及时把握讨论时机

讨论问题的设计直接关系到课堂讨论的质量。教师在设计讨论问题时，首先应注意讨论的内容要紧扣教学的重难点，要针对学生在学习中产生的疑点及易错易混淆的内容。其次，并不是所有的问题都适合讨论，教师设计的讨论问题要能够启发学生的思考，具有思维价值。再次，讨论的问题要符合学生的"最近发展区"，既要在学生的知识水平范围之内，又要有一定的难度。另外，教师要把握讨论的时机，具体来说，当学生的思考出现困难，无法独立完成学习，或学生意见发生分歧，又或学生在学习之后产生疑问并主动提出有探讨价值的问题，再或是解决问题的方法不止一种时，教师最好能及时安排学生进行讨论。

3. 重视讨论的组织和指导，合理调控讨论过程

为了确保讨论活动的有效开展，教师必须对讨论过程进行必要的提示、点拨、指导和调控。尤其是每小组由于成员不同，各有特点，有时讨论中还会出现一些"意外"，因此教师应成为课堂进程的调控者，掌握一定的技能技巧，采用适当的策略，调控好讨论的进程，使讨论有效地进行。当讨论小组面临问题时，教师要能够辨别、分析，并帮助学生；当学生在讨论中受到其他因素的干扰时，教师要通过加强要求、分级检查等形式，保证讨论活动的效率。另外，在讨论前，可事先列一个提纲让学生按一定程序进行讨论，使讨论进程有序而快速地进行。在学生讨论时，教师要加强巡回指导，及时掌握学生讨论的信息，适时予以引导，使学生的思维向着有利于解决问题的方向发展。

四、活动式教学

（一）活动式教学的含义

1. 活动式教学的内涵界定

所谓活动式教学主要指在教学过程中以构建具有教育性、创造性、实践性、操作性的学生主体活动为主要形式；以鼓励学生主动参与、主动探索、主动思考、主动实践为基本特征；以实现学生多方面能力综合发展为核心；以促进学生整体素质全面提高为目的的一种新型的教学方式。它既是坚持以活动促发展为基本教学指导思想的教学，也是倡导以主动学习为基本学习方式的教学。

数学活动式教学是指在数学课堂教学中，教师针对教学内容的特征和学生认知水平，精心设计完整的教学活动，引导学生通过动手实践、交流研讨等活动主动探索、主动构建以获取知识，发展能力，提升数学素养的教学方式。这些活动既可以是课堂教学中的一个环节，也可以是一节课的活动或者是一个单元结束后的拓展和实践活动；既可以是课内活动，也可以是课外活动。

2. 活动式教学的特点

(1) 情境性

任何活动的开展都需要在一定的情境中进行，学生通过特定的情境去感受、验证、理解并应用知识，这个过程需要学生多种感官的协同作用来共同参与学习活动，良好的情境能够积极推动学生的学习活动，使学生达到最佳的学习状态。如在教“6 以内加法”时，由于学生之前已较好地掌握了 5 以内的加法，教学时就将重点放在含义的教学上，在师生共同完成例题后，开个“加法故事会”，调动学生将生活中遇到的有关加法的故事说一说，将所学知识融入开故事会的生活情境中。由于一个个“加法的故事”中融入了学生生活中经历过的情境，加法的动态画面在学生的脑海中生成，学生对“加”的含义理解就更透彻了。

（2）操作性

“活动”是活动式教学的核心，教师在教学中根据教学目标精心设计的活动需要通过学生的动手操作才能完成学习任务，所以活动式教学强调让学生在实践活动中获得直接经验，从而扩大视野、增长知识、训练技能和发展各种能力，这使得活动式教学具有很强的实践性。教师在设计活动时要从学生的生活入手，设计如游戏、手工制作、绘画等活动，并留给学生充足的时间和空间操作活动道具或学具，引导学生亲自参与，自己动手解决问题，体会知识产生的过程，掌握和运用知识。如教学“1亿有多大”一课时，教师可以通过让学生自己动手量一量100张纸的厚度，再去推算出1亿张纸大约的厚度；或者先称出100粒米的质量，再算出1亿粒米大约的质量等。

（3）开放性

活动式教学无论是从活动时间和空间方面还是学生的思想和行为方面都体现出开放性。在活动时空上，学生的学习时间不再以课堂教学的40分钟为限，学生可以不受书本束缚，走出课堂和学校，家庭、社区、大自然都是学习空间。学生可以采用多元的学习方式和途径，增加直接体验。同时，更为重要的是活动式教学需要教师创设一种为学生所接纳的、无威胁的、宽松合作的、开放的师生氛围，这样学生才能自由地活动。另外，活动式教学也是对学生感官的全方位开放，解放学生的脑，让其自由思考；解放学生的口，让其自由表达；解放学生的手，让其自由操作。

（4）发展性

促进学生的发展是活动式教学的出发点和归宿。“以活动促发展”是活动式教学精髓的高度概括，是活动式教学的理论基础和实践切入点。活动式教学重视活动的独特价值，强调活动在人的发展中的作用，主张活动是实现发展的必由之路。对学生的发展而言，学生主体活动是学生认知、情感、行为发展的基础，无论是学生思维、智慧的发展，还是情感、态度、价值观的形成，都是通过主体与客体相互作用实现的，而主客体相互作用的中介正是学生参与的各种活动。可见，活动为学生发展提供了最佳途径和手段，发展只有在一系列的活动中才有望实现。

（二）活动式教学的意义

1. 有利于学生更好地掌握知识

学生在学习中将知识学习与主体活动相结合，通过多次反复的自主操作、活动体验、思维探究才能真正掌握知识。活动式教学为学生提供了与客观事物近距离接触的机会，在活动中，学生通过多次、反复的实践活动可以缩短同具体事物的距离，身临其境，多角度地全面了解知识形成的过程，有利于探索事物的发展规律，使学生的学习更具科学性。因此，通过丰富多彩的实践活动，加强了学生生活与社会实际之间的联系，学生在发现、探索中积累了更多的个人知识和直接经验，随着直接经验的丰富和广泛，学生对知识的认识将更全面、更完善、更深化。如在讲授“百分数的认识”一课时，教师课前可以布置学生到各大商场进行调查，收集和百分率有关的商品信息，为学生在课堂上进一步学习提供丰富的资料。学生通过独立阅读教材、小组讨论等学习探索过程，学会了商务活动中的一些新名词（如打折、折扣率等），同时也领会了其中的数学含义。

2. 有利于学生能力的形成与提高

活动式教学强调课程内容与学生实际生活的联系，让学生积极地投入生活实践中去，在实践中锻炼能有效地提高学生调查、分析、解决问题的能力，而且有助于学生关注社会，培养其社会参与能力。另外，活动式教学要求教师创设问题情境，引导学生观察、分析、质疑、归纳和总结，这有助于培养学生的观察能力、思维能力及探索精神。同时，在活动中，学生独立面对新环境和解决新问题时需要自主地思考和采取行动，学会与同伴合作相处。因此，活动式教学对于学生动手操作能力、独立思考和解决问题能力、合作交往能力的养成和提高具有重要的意义。如在人教版数学教科书一年级上册“我们的校园”一课中有学生在校园开展的跳绳、赛跑、拔河等游戏活动，教师引导学生在开展活动的过程中，把其中包含的数学问题如对序数的理解、20 以内的加法、统计等知识贯穿其中。学生通过亲身积极参与这一系列活动发现和理解了问题，体验和感受了生活，提高了实践能力和创新能力。

3. 有利于构建新型师生关系

活动式教学改变了传统教学中学生处于被动接受、绝对服从教师的师生关系。因为在活动式教学中，教师必须创设一种轻松愉快的气氛，以减轻学生的心理负担，让学生在宽松、民主、友善的氛围中进行自主的活动。教师只在活动中起引导的辅助作用，不再是课堂的主宰者，活动越充分，学生的自主性就越强。这样，伴随着教学的活动化，民主、平等、和谐的新型师生关系就建构起来了。这种新型的师生关系在质疑活动、讨论活动中更能体现出来，如教师会鼓励学生大胆发言，创新求异，重视学生的不同见解，平等对待每一个学生。这种良好的师生关系，既能达到师生互动、教学相长的教学效果，又能在生动、活泼、平等、民主的学习中使学生的潜能和个性得到发展。

（三）活动式教学的实施步骤

1. 预设活动计划

在活动开始之前，教师要对开展的活动进行导向性设计，即教师要对学生活动的目的、思路和方式等进行一个总体的规划，并提出相应的策略和建议，有时甚至还需对活动过程中可能出现的情况或事件做出预想，并提出解决的方案，但这种提前的设想只具有指导性和参考性，在活动时可做参考和借鉴。因为在活动中，解决问题的条件、方法都不是现成的，需要学生综合运用自己所学，主动地创设、生成，且解决方法往往也不是既定的、唯一的，而是多元的、多通道的，需要去分析、发现。因此，这种初步的设计要因时、因人、因环境和问题的变化而进行相应的调整和变通。

2. 创设活动情境

良好的活动情境能激发学生的学习兴趣，促使学生主动参与，强化学生的感受。教师根据小学数学学科与具体教学内容的特点，尽量利用各种手段创设一个真实的活动情境，让学生在活动中通过观察、提问、设想、动手实验、交流等手段亲历知识的形成过程来激发学生的学习兴趣。这些活动情境既可以是真实的课外环境，也可以是实验室里的实践操作活动、教室里学生的角色扮演活动、小组合作表演活动等。

3. 活动教学的实施

这是活动式教学的实质性阶段，是在教师的指导下学生从活动中发现数学问题，自主思考、自主操作、自主获得知识的过程。小学数学的教学内容具有一定的逻辑性和抽象性，而小学生知识、经验水平有限，其思维能力往往停留在具体形象的水平上。因此，教师应为学生提供动手实践操作的机会让学生动手操作，多安排学生参加动手画画、剪剪、拼拼、量量、摸摸、数数等活动，让学生通过操作获取知识，发展空间观念，建立数形之间的关系。

4. 活动结果的总结与评价

在活动结束后，教师要对整个学习过程、结果进行总结和评价。在这一阶段，教师要根据学习目标，运用多种评价方式，对学生的学习过程、结论进行评价，包括学生活动时是否认真投入，师生是否配合得当，学生是否提出问题或找出解决方法等。这样有利于学生全面认识活动，认清活动中的自己与他人，可以使下一次的活动教学更有效，同时可以使学生在总结提高中逐步学会学习。

（四）活动式教学的实施建议

1. 明确活动目标，制订活动计划

活动式教学没有固定的教学模式，但为确保活动顺利开展并达到预期的效果，在活动开始之前，教师要对如何开展活动教学做一个总体的规划。首先，教师应根据小学数学课标的要求明确本次活动的目标，这是活动式教学顺利开展的前提，也是评价活动成效的依据。其次，教师还应对活动内容和形式做出基本的安排，不是所有的教学内容都适合活动式教学，也并不是所有的活动方式都能激发学生的学习热情。因此，教师应在全面了解学生和分析教材内容的基础上，恰当地选择符合学生的年龄、心理特征、知识能力水平及已有经验的教学内容和能够激发学生参与活动兴趣的教学方式。最后，教师在设计活动时还应注重整合各种课程资源。小学数学的应用性较强，教师可以将活动延伸到课外甚至校外，打破课堂教学与学生课外活动的壁垒，把课内外及校内外各种可利用的教育资源整合起来去设计、组织学生活动，这样不仅可以增加学生的见识，也可以培养学生的实践能力和创新精神。

2. 创造良好的活动氛围

良好的活动氛围能激发学生的学习兴趣，促使学生主动参与教学活动，强化学生在活动中的体验和感受。在教学中教师首先要创建新型的师生关系，即师生之间是民主、亲密、平等、和谐的关系，师生双方以对话、平等、包容的关系相处，积极主动配合，既可以发挥教师的主导作用，又可以发挥学生的主体作用，这是实现学生主动参与活动教学的前提。另外，教师要创设一种和谐宽松、富有活力的教学氛围，使学生感到没有外界压力，从而获得一种心理上的安全感。教师也可以设置与学生现实生活相类似的情境，以解决学生在现实生活中遇到的问题为目标，来激发学生参与活动的兴趣。

3. 给予学生充足的活动时间和空间

教师要给予学生充分的活动时间和自由的活动空间，才能更好地实现学生的自主活动，达到活动式教学的目标。因此，教师在开展课堂活动中，应尽量减少对学生活动的限制和规定，使学生可以根据自己的意愿参与各种教学活动。教师要保证学生有足够的活动时间，根据教学内容尽量少讲、精讲，留给学生充裕的时间去自主活动，要适当对学生放手，增加学生的自主学习时间，让每一个学生都有自主学习的机会。同时，教师还要为学生提供自由进行活动的空间，学生可以根据自己获取的资料，进行充分的想象，尽情地表现自我，让学生能充分自由地发挥。

4. 发挥教师的指导作用

活动式教学虽然强调学生的自主活动，但教师作为整个活动的设计者、参与者、组织者、调控者及引导者，具有不可或缺的重要作用，尤其是对于各方面还不成熟的小学生，教师更应该及时给予指导。一方面，学生的主体活动要以教师的指导为前提，教师要对学生的自主活动提出明确具体的要求和任务，向学生解释、说明、示范如何活动，指导方法，如怎样进行小组讨论及自主探究等技巧，帮助学生解决在探究过程中遇到的困惑和问题，并对学生的学习活动进行宏观调控，确保活动的教学质量。因此，教师适时适度的引导是非常必要的。另一方面，尽管教师应留给学生充足的时间和空间自主活动，但一味地“放”难免会导致学生漫无边际地胡思乱想。因此，需要教师及时引导学生做课堂小结，把感性认识上升到理性认识。

第二节　小学数学教学设计

一、小学数学教学设计概述

教学是有目的地培养人的活动，课堂教学是教师、学生、教学内容、教学环境等因素相互影响、相互作用的过程。因此，教师需要做好每一堂课的教学设计，才有可能有效地完成教学目标。

（一）小学数学教学设计的内涵

1. 教学

纵观教学概念的衍义历程，无论是“统一活动说”“广义狭义说”，还是“交往说”，教学过程中教师如何有计划、有目的地对学生施加影响并提高其有效性都是教学的核心问题。也就是说，教学是教师在教育过程中有计划、有目的地安排学习经历以使学生学习更加有效的过程。教育不仅包括学校教育中的知识传播，也包括家庭教育、个人自学等，而教学作为教育的重要组成部分，目的性、计划性是其区别于其他内容的显著特点。

2. 设计

“设计”一词源于工程学。广义上来讲，人类一切有目的的活动都涉及设计，为了达到目的，人类需要对即将发生的行为做出安排与规划，寻求达到目的的途径，而这个过程就是设计。《现代汉语词典》对“设计”的解释是：“在正式做某项工作之前，根据一定的目的要求，预先制定方法、图样等。”从中可以对设计概念的要义加以归纳：一是设计是工作未实施前的预设与构思，其实施结果带有未知性；二是设计有目标指向，设计工作总是朝向其预先的要求；三是设计有问题指向，设计产品是为解决问题提供一系列的行动方案与步骤。而设计过程顺利进行的关键，在于对即将发生的行为的组织与规划。

3. 教学设计

综上教学和设计的概念要点，教学设计就是教师事先对教学系统进行的有目的、有计划的组织与规划。传统的教学很少使用“教学设计”这一概念，对教学的组织和规划更多的是一种教学计划，往往仅是教师的“备课”行为，传统备课方案关注的重点是教学内容，描述的是教师的教学行为，即教师依靠自身对教学材料的理解与自身的经验对教学过程加以预设。美国教育家杜威最先提出要建立一门介于教育理论与教育实践的“桥梁科学”，这是教学设计的雏形。教学设计理论是由美国教育心理学家加涅首先提出的，他在1988年出版的《教学设计原理》一书中提出，教学设计是一个系统化规划教学系统的过程，教学系统本身是对资源和程序做出有利于学习的安排。之后，各个学者从不同角度，不同侧面对教学设计进行了研究。尽管目前对教学设计还没有形成统一的定义，但对于教学设计的概念也达成了一些共性的认识。

第一，教学过程是一个系统，这一系统包括了教师、学生、资源、学习方法、条件、情境等要素。教学设计就是要创设这样的一个系统，并运用系统科学的方法去解决教学中的问题。

第二，教学设计以学习者的学习目标为出发点，确定学习者的需求和教学活动中需要解决的问题，并提出满足学习者需求和解决问题的方法和步骤。

第三，教学设计需要以现代教学理论和学习理论为依据，转变传统的备课观，体现教育主体和学习主体的相互作用。

与传统教学计划相比，现代教学设计关注的不单是教学内容，更是教学系统的整体。现代教学设计指向于学习过程而非教授行为，教学设计的成效注重的是学生行为，包括学生在教学过程之后的外在行为表现以及内在认知建构。现代教学设计以传播教育理论和学习理论为基础，应用系统理论的观点和方法，对教学系统进行最优化的组织与规划。

4. 数学教学设计

数学教学设计是针对数学学科的特殊性而进行的教学设计，是对一般教学设计的具体和深化。具体来讲，数学教学设计是以数学学习论、数学教学论等理论为基础，运用系统方法分析数学教学问题、确定数学教学目标，设计解决数学教学问题的策略方案、试行方案，评价试行结果和修改方案的过程。

数学教学设计体现科学性。科学性的真谛在于求真，在于对科学规律的揭示。为保证数学教学设计的科学性，数学教学设计必须在数学科学理论的指导下加以进行，遵循数学教学和数学学习过程的一般规律，从而建立合理的数学教学目标、内容、方法等的策略体系，运用系统方法对数学教学系统的要素进行最优化的组织和规划。

数学教学设计体现艺术性。艺术的生命在于创造。数学教学设计，是教师根据数学学科特点和学生的数学实际进行的创造性劳动，受数学教师教学理念、教学功底、教学知识水平和教学实践能力等因素的制约和影响，使得数学教学设计带有明显的个性特质。另外，数学教学设计的艺术性体现在其美感价值。优秀的数学教学设计不仅内容丰富，富有成效，而且在内容和形式上求善求美，给人以极大的美感享受。

数学教学设计体现实践性。数学教学设计作为数学教育理念与数学教学实践的中介，最终要运用于数学教学实践当中，因而数学教学设计具有可行性和操作性。倘若没有条件或没有办法付诸实践，再好的教学设计也是“一句空话”。同时，数学教学设计在数学教学实践中接受检验，从而使得数学教学设计得以改进和完善。现代数学教学设计是一个讲求教学的生成性作用并不断完善的过程。

小学数学教学设计既遵循教学设计的一般规律，又具有数学教育的特殊规律，还要符合小学生的认知规律。应用系统的思想和方法分析小学数学教学目标和实施过程，根据小学数学教学目标探索小学数学教学过程中诸要素的相互关系和各种教学方法、教学媒体的合理组合，是小学数学教学设计的应有之义。

（二）小学数学教学设计的原则

1. 继承性与创新性相结合的原则

教学设计的显性结果是形成教学方案，这里指单个课时的教学方案。教学方案的形成要坚持继承性与创新性相结合的原则，主要有三个层面的含义。

一是对国家义务教育数学课程标准的继承与创新。课程标准是国家教育部门制定的指导性文件，义务教育数学课程标准是义务教育阶段数学课程的统领性文件，小学数学教师的教学设计应遵循课程标准的理念与要求。但课程标准只能发挥导向性作用，教学方案要真正落实到一节节课时中，就需要教师能够针对本地区、本学校、本班级的具体情况，对课程标准进行创新，形成适合自己本课时教学的具象化方案。

二是对数学教材和数学教学指导用书的继承与创新。数学教材以及教学指导用书是教育部门为教师配备的教学工具书。但不可避免的是，教学工具书很难顾全各个地区学校的差异性，而差异性的存在是必然的，即使是同一学校的不同班级依旧存在差异性。因此教师的教学设计不应是简单对数学教材或教师教学指导用书的照搬或翻版，而是继承教材和教参的思想，结合自身及所教班级学生的实际，进行创新性的教学设计。

三是对他人及自身以往教学设计的继承与创新。教师进行教学设计时借鉴他人以往的相关教学设计是可以的，同样，也可以参考自身以往的教学设计。但需要注意的是，要不断推陈出新，体现新的教学理念和学习理念，并考虑教育对象的差异。一些有着多年教育经验的老教师更要引起注意，老教师对于教学内容以及教学过程的把握已达到相当熟练的程度，因而往往容易导致“固步自封”。因此，教师需要特别注意对以往教学设计的选择与创新。

2. 具体性与抽象性相结合的原则

小学数学教学设计既要遵循数学的教学原则，也要符合小学生的认知特点和思维特点。对于整个小学阶段的儿童来讲，学习活动代替他们幼儿时期的游戏活动，成为他们的主要活动形式。在学校教育的影响下，小学儿童的认知能力、思维能力都在不断地发生变化。发展心理学的研究认为，小学儿童思维的基本特点是以具体形象思维为主要形式逐渐过渡到以抽象逻辑思维为主要形式，但这种抽象逻辑思维在很大程度上仍然是直接与感性经验相联系的，仍然具有很大成分的具体形象性。故而，小学数学教学设计应符合小学生思维发展规律，坚持具体性与抽象性相结合的原则。

小学数学教学设计的具体性原则要求小学数学教学设计应利用小学生的生活实际，将抽象的数学素材转化为小学生认知范围内的、可接受的事物，同时采取直观形象的教学手段。由于数学本来就是一门抽象的科学，小学数学教学设计的具体性诉求，并不能完全“隔离”了数学的抽象性本质。在小学数学的教学设计中贯穿抽象性原则，注重小学生数学思维品质的养成，才能使其更好地理解数学，以至将来能够应用其所学的数学知识解决现实生活中的问题。

3. 数学知识的掌握与数学思想方法渗透相结合的原则

《标准》中，与以前的版本相比很大的变化是将数学教学基本要求的“双基”目标拓展为“四基”，分别为基础知识、基本技能、基本思想和基本活动经验；将数学的六个核心词增加为十个核心词，在原来的数感、符号感、空间观念、统计观念、推理能力、应用意识的基础上，增加了几何直观、运算能力、模型思想和创新意识。从中可以更加明显地看出，新课程标准要求对数学要有整体性的把握。当然，小学数学的教学设计也不能过度强调小学生数学知识的掌握而忽视数学思想方法的引导，或者过度注重小学生数学思想方法的训练而忽视数学知识的掌握。小学数学教学设计要坚持数学知识的掌握与数学思想方法的渗透相结合的原则。

《标准》中对小学数学内容做了明确的要求。其中将小学阶段分为三个学段，每个学段又分别从数与代数、图形与几何、统计与概率、综合与实践四个方面做了详细的阐释。教师在数学教学中要注意数学思想方法的渗透，“授人以鱼不如授人以渔”。小学生学到的数学概念、数学公式等随着时间的推移，往往会遗忘，而使他们真正受益的正是数学思想方法，方法的掌握是数学学科的特殊要求。贯彻数学知识的掌握和数学思想方法的渗透相结合的原则，一方面，可以在熟练掌握数学知识的基础上，在解题实践中提炼出数学解题策略，领悟数学思想；另一方面，可以设计专门的数学思想方法的教学，诸如分类、类比、联想、演绎、归纳、数形结合方法、数学建模方法等。

（三）新课程小学数学教学设计理念

1. 数学化设计理念

数学化是由著名的数学家和数学教育家弗赖登塔尔提出来的，他把“数学化”作为数学教学的重要原则。弗赖登塔尔说过，与其说是学习数学，还不如说是学习“数学化”；与其说是学习公理系统，还不如说是学习“公理化”，与其说是学习形式体系，还不如说是学习“形式化”。在他看来，所谓的“数学化”，是指人们在观察、认识和改造客观世界的过程中，运用数学的思想和方法来分析和研究客观世界的种种现象并加以整理和组织的过程。顾名思义，数学化设计理念就是要在数学教学中突出数学的本质，呈现数学特有的“教育形态”，使学生切实感受到数学本身的价值和魅力。

数学化设计理念是相对于生活化设计理念提出来的。近年来，随着新一轮数学课程改革的推进与深入，小学的数学课堂也发生了变化。主要体现在，教师开始改变传统的以讲授为主的教学方式，注意创设一系列与小学生生活相关的情境，让学生在“剪一剪”“拼一拼”“做一做”“猜一猜”等活动中发现和学习数学。然而一些调查显示，这种教学方式的变革也并非尽如人意，不少教师指出，这种人为化的情境创设，偏离了数学，过于表面化，走向了形式化。在数学教学中如何在“生活化”与“数学化”间找到一个契合点成为关键，在强调数学要贴近学生生活的同时，亦要关注“数学化”。实际上来讲，数学化是一个渐进的过程，学生学习数学也应先从情景层次开始，逐渐使自己的知识系统化并把策略运用于具体情境中，然后再用具体的模型去代表特定的数学对象，再次完成一般化，最后实现形式化。也就是说，生活化与数学化是相辅相成的，紧扣学生的生活实际，进行数学化教学设计，是新一轮数学课程改革对数学教师的要求。

2. 问题化设计理念

《标准》中，将“问题解决”作为课程目标的一个独立方面加以阐述。该部分强调要使学生体会数学知识之间、数学与其他学科之间、数学与生活之间的联系，运用数学的思维方式进行思考，增强发现和提出问题的能力、分析和解决问题的能力。问题意识是培养数学应用意识和创新意识以及实践能力的关键。透过这些方面，足以看出问题在数学教学中的重要性与必要性。

问题化设计理念就是把问题贯穿数学教学的始终，将数学的教与学置于一系列的问题情境中，用问题驱动数学教学。

3. 活动化设计理念

《标准》把“基本的数学活动经验”列为数学教学的基本要求之一，把原有的“三基”扩充为“四基”，数学教育指导思想再次迎来了一次新的转型。为了使“四基”的要求落到实处，数学活动引发了师生关注。

数学活动化设计理念的指导思想是充分发挥学生在数学课堂上的主体作用，使学生充分参与数学课堂中。活动化设计理念的要义就是“使学生动起来”，对小学数学课堂而言，将静态的小学数学内容设计成师生互动的活动内容、将传统意义上的“纸笔方式”设计成小学生的动手操作过程等都是贯穿活动化的设计理念。新课程标准中，“综合与实践”内容的设置可以更好地实现数学教学的活动化。

二、小学数学教学设计的内容

现代教学理论把教学的成效定格在学习者所发生的变化上。目前，对现代教学设计的理论探讨和实践模式的研究有很多，教学设计作为教学理论与教学实践的中介和桥梁，有其自身的思路和运作程序。

数学教学设计是一项系统过程，一般认为，数学教学设计通常包括数学课程设计和数学课堂教学设计两种类型。在这里，主要探讨数学课堂教学设计，在数学课堂教学设计上主要研究数学课时教学设计，以下简称“数学教学设计”。小学数学教学设计是数学教学设计在小学阶段的运用。

（一）小学数学教学目标的设计

教学目标是预期学生在教学活动后所产生的效果，是教学活动的起点和归宿。教学目标的设计是教学设计的重要环节，是整个教学设计的出发点，主要解决“为了什么而教”的问题。

1. 确立小学数学教学目标的依据

新理念下的小学数学课程目标从知识技能、数学思考、问题解决、情感态度四个方面加以阐明。新理念下的小学数学教学目标设计要充分着眼小学数学的课程目标，从分析小学生情况和小学数学学习内容入手。对小学生的情况分析主要包括：①小学生的起点分析，分析小学生的基础知识和能力是否具备；②小学生的心理状态分析，包括小学生学习数学的兴趣和动机等；③小学生的经验基础分析等。对小学数学学习内容的分析主要包括分析小学数学教材的编写意图，小学数学教材的组织和呈现方式以及本节课在整个课程、整个学期、整个单元中的地位等。

2. 数学教学目标的表述

对小学数学教学目标进行分析之后，还要对其目标进行具体化确定和描述。按照新课程改革的精神，义务教育数学课程目标包括结果目标和过程目标。结果目标，即采用结果性目标的方式，明确告诉人们学生的学习结果是什么，采用的动词要求明确，可测量、可评价，如“了解”“理解”“掌握”“运用”等。过程目标，即采用体验性或表现性目标的方式，描述学生自己的心理感受、体验或明确安排学生表现的机会，所采用的行为动词往往是体验性、过程性的，如“经历”“体验”“探索”等。有学者对数学教学目标进行了分类，具体如下：

第一，数学教学目标的内容可分为八类：数学事实、数学概念、数学原理、数学问题解决、数学思想方法、数学技能、数学认知策略、数学认知态度。

第二，数学教学目标的水平可分为四种：了解、理解、掌握和灵活运用。

对小学数学教学目标的编制可以借鉴这样的分类方法，从而能够对教学目标的表述形成大概的方向。

（二）小学数学教学内容的设计

教学内容是教学活动的直接载体，是师生互动的直接媒介，主要解决“教什么”的问题。数学新课程致力“人人都能获得良好的数学教育，不同的人在数学上得到不同的发展”，数学新课程的内容处处体现着“以生为本”的价值取向。

新理念下数学的课程教学资源丰富多样，主要包括文本资源——如教科书、教师用书、教与学的辅助用书、教学挂图等；信息技术资源——如网络、数学软件、多媒体光盘等；社会教育资源——如教育与学科专家、图书馆、少年宫、博物馆、报纸杂志、电视广播等；环境与工具——如日常生活环境中的数学信息，用于操作的学具或教具，数学实验室等；生成性资源——如教学活动中提出的问题、学生的作品、学生学习过程中出现的问题、课堂实录等。与传统的数学课程相比，现代数学课程资源表现出明显的优势，而如何整合这么多的数学课程资源，使其协调、有效地发挥作用，这就是数学教学内容的选择问题。

在进行小学数学教学设计时，教学内容的选择要考虑一些问题：①小学数学教学内容的素材应贴近学生现实。新课程标准中指出，学生现实主要包括学生的生活现实、数学现实和其他学科现实。②小学数学教学内容设计要体现过程性。体现数学知识的形成过程，反映数学知识的应用过程，逐渐培养小学生的数学思维意识和应用意识。③小学数学教学内容设计要有一定的弹性。数学新课程要使“不同的人在数学上得到不同的发展”，数学教学既要面向全体学生，还要考虑学生发展的差异。④适时地介绍有关数学的背景知识，如数学史料、一些数学概念产生的背景材料、数学家介绍、数学在现代生活中的广泛运用等，从而使学生了解数学的发生与发展历程，激发学生学习数学的兴趣。同时，挖掘数学学习的人文价值，以符合数学课程对学生人文精神培养的诉求。

（三）小学数学教学策略的设计

教学策略设计主要指教学过程的流程安排、教学方法的选择与使用等方面的设计，主要解决“如何教”的问题。新课程改革要求改革学生的学习方式和教师的教学方式，基于此，新课程理念下教学策略的设计着力于改变传统单一的教学方式，确立在课堂中教师的主导地位和学生的主体地位，建立自主、探索、发现、合作的学习机制，从而推动新型师生互动关系的确立。下面，主要从数学概念、数学规则、数学问题解决三方面对数学教学策略的设计原理加以说明。

1. 数学概念的教学策略设计

概念是对事物固有的、内在的、本质的属性的概括，数学概念是对现实生活中的数量关系和空间形式的数学概括。数学概念的教学是数学教学的基础和前提。小学数学概念包括数的概念、量的概念、运算概念、比和比例的概念、几何概念、简单的统计概率概念等。鉴于小学生的年龄特征和思维特点，小学生对概念的学习主要是由例证或已形成的概念出发，从而上升到新概念的本质属性。

2. 数学规则的教学策略设计

数学规则是两个及两个以上数学概念之间的关系的叙述，包括数学公式、法则、定律等。小学数学规则有计算公式、四则运算法则、运算定律与性质等。规则的教学并不仅仅是使学生能够说出规则的内容，而是学生能够了解数学规则的推导过程，并能把规则灵活运用进而解决相应的问题，这才是数学规则掌握的要义。数学规则的教学是一种程序性知识的教学，数学规则的教学依赖于学生对各种数学概念之间关系的理解，主要有归纳式和演绎式两种教学策略。

3. 数学问题解决的教学策略设计

数学问题解决，就是通过数学思考，运用已有的数学知识和方法寻求问题答案，使问题从初始状态到达目标状态的一种活动过程。数学问题解决的教学实际上是一种策略性知识的教学。数学新课程把“问题解决”作为一个独立的数学目标加以阐述。

从数学新课程的问题解决的目标要求出发，针对小学生的年龄特点和数学学科的性质，小学数学问题解决的教学策略设计主要考虑一些问题：①贴近小学生实际的问题情境设计，使学生能够理解其面临的问题是什么；②培养学生将实际问题转化为数学问题的能力；③解决问题方法多样化的探究。

（四）小学数学教学手段的选用

小学数学教学手段是在小学数学教学过程中教师和学生相互传递信息的媒介、工具或设备，解决“用什么教”的问题。小学数学教学手段主要包括常规教学手段和现代教学手段两类。常规教学手段有教材、板书、简单的教具和学具等，现代教学手段是现代信息技术发展在数学教学中的运用，如幻灯、投影、录像、多媒体教学手段等。教学目标、教学内容、学习者的特点、媒体自身的特点、现实的经济条件等都会影响教学手段的选择。数学新课程鼓励师生尽可能使用计算器和计算机，将现代信息技术与数学课程进行充分整合。小学数学教学手段的选择和使用，既要考虑直观性要求，又要对现代教学手段使用其他方面的策略进行优化。

数学新课程强调了在数学课程教学中对现代信息技术的运用，对使用现代信息技术和教学手段多样化的关系做了说明，小学数学教学手段应随之发生变革。当前，多媒体教学也成为小学数学教学中广泛使用的教学手段，但同时也产生了一些问题：一是教师形成了对多媒体的依赖心理。一方面，数学科目因其自身的特殊性对数学多媒体教学课件的制作有着较其他学科更高的要求，诸如数学的一些特殊数字、特殊符号，还有数学图形的变化演绎等在多媒体制作上都有更高的技术要求，这使得一些数学教师因自身能力和精力的有限而过分依赖一些现成的课件，削减了自身的能动性；另一方面，数学教师对多媒体的依赖使得其放弃了其他常规教学手段的使用，而影响了教学的实效性。二是速度问题。采用多媒体课件上课可以在短时间内呈现大量的信息，但它的特点就是“做慢放快”，教师应注意协调屏幕信息量与自身讲解信息量的均衡，留给学生思考和记录的时间。对于小学生来讲，这一点显得尤为重要。

三、小学数学教学设计的实施

（一）小学数学教学设计实施的教学要求

在理念和具体操作上切实优化数学教学是新理念下数学课程改革的重要特点。小学数学教学设计的实施，应遵循数学新课程对数学教学的一些要求。

1. 关注数学课程整体目标的实现

新理念下数学教学不仅要使学生获得数学的知识技能，而且要把知识技能、数学思考、问题解决、情感态度四个方面的目标有机结合，实现课程整体目标。数学教学方案的实施不仅要重视学生对基础知识和基本技能的理解和掌握，而且要激发学生的学习兴趣，使学生感悟数学的基本思想，引导学生在参与数学活动的过程中积累活动经验，帮助学生形成认真勤奋、独立思考、合作交流、反思质疑等良好的学习习惯。对于小学生而言，数学知识技能、数学基本思想和数学基本活动经验的整体协调显得尤为重要，这将影响他们之后的数学学习。

2. 关注学生现实

数学教学设计的实施要充分考虑学生的认知特点和活动经验。换句话说，就是要在新理念的指导思想下，使数学教学设计在反映数学本质的前提下尽可能地贴近学生的现实。课程标准的相关要求指出，学生的现实主要包括生活现实、数学现实和其他学科现实。

对小学生而言，数学教学方案的实施要充分考虑小学生的认知规律、小学生思维的发展特点、小学生的数学基础知识和方法等方面。

3. 注重学生数学应用意识和创新意识的培养

按照《标准》的精神，应用意识包含两个方面的含义：一方面是用数学眼光认识现实生活中的问题，解决现实问题；另一方面是将现实问题转化为数学问题，并用数学的方法加以解决。应用意识的培养是一个渐进的过程，而综合实践活动是一个很好的载体。从《标准》中“综合与实践”部分的设置可以看出，小学低年级阶段主要关注小学生实践活动的经历和感受，小学高年级阶段则明显渗透了小学生数学应用意识的训练。如果说应用意识是要使学生能够发现和提出问题，那么创新意识的培养就是要使学生能够用多样化的方法分析和解决问题。而问题是创新意识培养的基础，因此，教学设计的实施过程应注重问题情境的创设和数学思想方法的渗透。

（二）小学数学教学设计的评价

广义上来讲，对教学设计的评价包括对教学设计中教学的评价和对教学设计成果的评价。对教学的评价将在后面的章节中加以阐述，这里主要探讨对教学设计成果的评价。

1. 小学数学教学设计成果的评价

对小学数学教学设计成果的评价就是对小学数学教学方案的评估。一方面是教师对其教学方案在数学教学过程中被实施之后是否达到预期的一种判断，是对“想要发生的”与“实际发生的”之间的差距的一种比较。另一方面，是对数学教学方案优劣的评估。一个数学教学方案的优劣，必须通过数学教学实践，从教师的数学教学和学生的数学学习两方面加以评价。

（1）与教师的数学教学有关的评价指标

其一，与教师的教学过程有关的指标。可以从教学过程中判断教师的教学组织能力和教师的课堂管理能力，观察其讲授内容的精确性与严谨性、对教学过程的协调能力以及对学生反应的敏感程度和调整能力等。

其二，与教师的教学策略有关的指标。判断教师选择的教学策略和方法是否符合小学生的特点，是否能够维持小学生的注意和兴趣，是否有利于小学生的数学理解，是否注意对小学生数学思维方法、数学思考能力、数学实践能力和创新能力的培养等。

其三，与教师的教学内容有关的指标。判断教师对数学背景知识的挖掘是否能够保证所选择的教材内容与其教学目标的一致性，选材是否符合小学生的生活实际和数学兴趣，是否体现数学内容的层次性，重难点是否突出等。

（2）与小学生的数学学习有关的评价指标

从学生在课堂上的表现来分析学生对教学方案实施的反应，如从表情上分析学生对讲课内容和速度的适应性；从课堂提问中分析学生对课程的理解程度；从课堂秩序上分析学生对学习的注意或投入程度。

除教师方面和学生方面外，评价一个小学数学教学方案的优劣，还要考虑时间因素，如教学方案用于教学所需的时间、教师的教学时间、学生的学习时间、学生完成作业所需的时间等。

2. 数学新课程对数学教学设计评价的基本要求

现代的评价观强调预设与生成的关系，对教学设计的评价也包括了对教学设计在教学实施过程中生成的非预期状态的反思。对小学数学课堂教学设计的评价是现代教学设计观在小学数学教学中的具体运用，在数学新课程理念下，可以归纳出对小学数学教学设计实施评价的一些基本要求。

（1）以教学设计的目标和内容标准为依据

《标准》对教学目标和各个学段的内容标准做了详尽的说明。对教学设计的评价，要以教学目标和内容标准为导向，判断学生是否达到教师预先设定的教学目标，是否完成了教学的目标任务，关注学生对数学基础知识和基本技能的掌握情况，如学生的数学思考能力、学生学习数学的兴趣与课堂参与度等。

（2）关注教学设计的实施效果和实施过程

现代数学课程评价强调结果性评价和过程性评价，对教学设计的评价同样关注教学设计的实施效果和实施过程。数学学科有其自身的特殊性，不仅需要关注数学知识的获得，更需注重学习数学的过程和方法，再加上小学生的认知水平和语言表达能力有限，小学生的思维发展也处于一个从具体形象思维向抽象逻辑思维水平渐进的过渡阶段，因而小学数学课堂教学设计的结果性评价和过程性评价尤为必要。

（3）教学设计评价方式的多样化

由于小学生的年龄特点和认知能力的特殊性，小学课堂的活跃性是相对高的，小学生又比较容易受同辈群体的影响，容易“人云亦云”，因而对小学数学课堂教学设计的评价，教师不能完全依靠小学生外在的表现，这样评价方式的重要性自然就突显出来了。评价方式的多样化体现在多种评价方法的运用，小学数学教学设计的评价方法主要包括书面测验、口头测验、课堂观察、课后访谈、课内外作业、成长记录、教师同行相互评价等。

（三）小学数学教学设计的调整

新理念下的教学设计是一个不断调整和完善的过程。教学设计的调整是对教学设计本身和教学设计的执行过程进行监控和调整，以使教学朝着最优化的方向发展。监控和调整的主体大多就是教师本人，教师对自己的教学设计和教学设计的执行过程进行审批、控制和调节。教学设计的调整并不只是体现在教学设计的实施过程之后，它贯穿在教学设计的始终。这里，将在教学设计调整的一般原理的指导下，对小学数学教学设计的调整加以论述。

1. 小学数学教学设计调整的依据

小学数学教学设计调整的依据问题，来源于对小学数学教学设计本身和对小学数学教学设计的执行过程的监控。

对小学数学教学设计本身的监控，主要是对教学设计过程的反思，可以从以下方面进行：

第一，教学目标的制定是否符合小学数学课程标准的要求；

第二，所教的数学内容是否符合小学生的数学学习需求，是否有利于激发小学生的数学学习动机；

第三，学生起点水平与教学起点是否匹配；

第四，数学教学目标的从属目标系统是否合理；

第五，衡量小学生数学业绩水平的标准是否合理、具体；

第六，教学策略是否有利于教学目标的达成，是否与学生的个性特点相匹配。

对小学数学教学设计的执行过程的监控，主要是对小学生的数学学习状况和教师的教学效果的反思，可以从以下方面进行：

第一，学生对所学数学内容的总体掌握情况以及各个部分的掌握情况；

第二，学生掌握不好的原因；

第三，哪些错误是典型的．哪些错误不具有普遍性；

第四，学生对所学数学内容的掌握情况能否与数学课程标准要求一致；

第五，所学数学内容是否促进了小学生的数学学习。

2. 小学数学教学设计是否需要调整和怎样调整的问题

通过对教学设计本身和教学设计的执行过程的监控，收集到关于教学设计的调整的反馈信息之后，需要对所收集到的信息进行分析，主要可以从以下两方面进行：

第一，在监控过程中发现的问题是否是由教学设计本身引发的；

第二，倘若是由教学设计引发的，是否具有调整和解决的可能性。

确定了教学设计需要调整的部分后，由教师对其教学设计进行修改或再设计，方法上可以有反思自身、与同行的交流合作、请教专家等。对教学设计的调整是一个复杂的系统工作，需要依据实际教学情况和现实的教学条件而定，量力而行。

第四章　小学数学课堂教学过程创新

随着课程改革的进一步深入，以“接受记忆和模仿练习”为主的传统教学方式将逐步淡出课堂，而“通过分析对比、调查研讨、探究思考去获得问题解决”的探究性学习正越来越受到重视。实施新课程的主渠道是课堂教学，而优化教学过程则是全面提高学生素质的核心。如何实现教学过程的优化，这是摆在教育工作者面前的一个十分紧迫而又艰巨的课题，需要我们去思考、研究和实践。

第一节　教学过程的含义

教学过程是根据一定的教育目标和任务，在教师有计划、有目的的指导下，通过教和学的双边活动，组织和引导学生积极主动地学习系统的文化科学知识和基本技能技巧，并在此基础上，发展能力，增强体质，完善心理个性，培养思想品德，使学生得到全面发展的过程。教学过程是教师教的过程，又是学生学的过程。教学过程是由两个相适应的系统过程组成的。

第一个系统过程是教师教的过程，可分为“备课——讲课——课外辅导——作业批改——成绩考核”四个阶段。

第二个系统过程是学生学的过程，可分为“预习——听课——复习巩固——运用知识”四个阶段。

上述教和学的四个基本阶段是相互适应的，也是相互练习、相互作用同步前进的。其中延续和发展，就是这样两个相适应的系统过程周期性的循环往复，推动着教学不断前进。

所谓感知教材：是指在教师指导下，通过阅读、听、写的形式运用自己感觉器官（眼、耳、口、手）接触教材，在大脑中形成初步表象，获得对教材内容的感性认识。

所谓理解教材：是指在对教材的感知基础上，通过教师的指导讲解，激起学生的思维活动，对教材进行加工、改造、抽象、概括，形成新的概念，发展思维能力，使感性认识上升到理性认识。

所谓巩固知识：是指学生经过思考复习和作业练习，对了解的知识形成记忆，并能够随时再现。巩固是掌握知识的必经步骤。

理解教材，形成概念，从感性上升为理性，学生已实现了掌握知识的第一个转化。这个转化仅仅是初步的，要把知识真正转化为自己的东西，成为自己进行思维和实践的工具，就必须及时地自觉地保持、巩固这些知识，使知识在头脑中保存每来，成为易于精确再现的东西，为熟练地运用这些知识解决实际问题奠定基础。

遗忘知识是学生中大量存在的普遍现象，几乎成为困扰每个学生学习的难题。因此，复习巩固构成了教学的重要环节，也成为教学的必要步骤。

突出重点，抓住知识的本质进行复习巩固；重逻辑记忆，在理解的基础上巩固知识；把巩固知识贯穿教学的全过程。

所谓运用知识：是指学生在教师的组织指导下，将所学知识运用于教学实践，独立分析和解决一些实际问题，真正成为个人的知识和技能技巧。

学生的学习以接受间接经验为主，这些知识是前人通过观察、实践等取得的经验与总结，是前人通过思维获得的结果，也是前人通过实践取得的真理性认识，而对学生来说，这一切都未曾经历过，如不与实际接触，不进行任何实践，学生就不能真正掌握。

上述施教过程的“四个基本阶段”，是相互独立、相互联系、彼此渗透的，构成了复杂的关系。要灵活掌握应用，不可机械照搬。整个教学过程是要实现三个转化：①认知过程的转化，使学生由不知到知，由知之不多到知之较多；②情感过程的转化，引导学生由不爱学到爱学、乐学；③能力过程的转化，引导学生形成技能、技巧，由不会用到会用。

第二节　优化教学过程，全面推进新课程实施

一、优化教学要素

教学过程是教师、学生、教材（知识内容）、教学方法和教学手段四大要素运行的过程。四大要素之间相互联系、相互制约、相互作用。所谓优化教学要素，一方面不能单纯抓一两个教学要素，也不能只抓某一要素中的某一因素，而是要有机结合，形成最佳效果。另一方面要抓四要素构成的六对矛盾的主要矛盾，其主要矛盾是学生（认知水平）与教材（教学内容）之间的矛盾。为此要过好两关。

第一是过好“学生关”。要过好这一关要做到“五清”，即：知识底数清、认知心理清、学习态度清、可接受程度清、环境影响清。概括起来说就是：了解学生学习意向；体察学生学习情绪；诊断学生学习障碍，确定科学有效的教学对策。

第二是过好“教材关”。要做到“五个吃透”“五个把握”。①吃透教材所占的地位和作用，知识的整体结构、主要线索，纵横联系，把握好知识点、形成知识链、构成知识网；②吃透教材的编写意图、知识体系，重组加工教学内容，把握住教材的重点、难点、训练点；③吃透教材中适应多层次的需求的内涵，把握住教学的深度、广度和密度；④吃透教材中的育人因素，把握住知识目标、情感目标、德育目标、能力目标；⑤吃透素质教育对课堂教学的要求，把握住知识的停靠点，解决“学会”问题；把握住情感激发点，解决“乐学”问题；把握住思维展开点，解决“会学”问题。

二、优化教学目标

教学目标是完成教学任务的出发点和归宿，是确立教学内容的依据。所谓优化教学目标，首先要突出目标组成的全面性。要从面向所有学生，面向学生发展所有方面，完整全面地确定教学目标。它要兼顾知识、技能、智力和思想教育诸方面。我们要求教师在确定教学目标时，一是要包括知识目标、能力目标、德育目标、心理情感目标；二是要突出目标的层次性，使用知道、了解、运用、判断等行为动词及有关术语，比较准确地描述达到目标的程度；三是要突出目标的规范性。目标规范着教师的教学内容和方式，克服教学中的盲目性和随意性，目标也规范学生的学习活动，规范学生行为变化发展方式的变化效果的度量；四是要突出实际目标的操作性，即定标——展标——达标——测标。

目标决定过程，"新课标"指出："有效的数学学习活动不能单纯地依赖模仿与记忆，动手实践、自主探索与合作交流是学生学习数学的重要方式"。传统的课堂教学在落实"双基"、变式应用等方面做得很到位，是需要继承的，但是学习方式较为单一，缺乏动手实践、自主探究和合作交流，缺乏数学的情感交流。要优化教学过程，培养数学探究能力。首先应该改革传统的以理解、记忆所学知识为主的课堂教学"双基"目标结构，构建起以培养学生"学懂、学会到会学"为核心的蕴含过程与方法、情感态度与价值观的教学目标结构，把培养学生搜集信息、处理信息的能力，培养学生自主探究、获取新知的能力，培养学生团结协作、积极参与实践活动的能力纳入数学教学的目标，并自觉运用这些目标去引导教学活动。有了这些目标的引导，课堂教学才能够重视培养学生提出和发现规律性问题的能力，重视培养质疑问题、研究问题的本领，重视培养学生终身学习的愿望和自主学习、自觉探究的能力，使课堂教学有一个根本的转变。随着知识理解的不断加深，学生钻研获取新知识的欲望和能力就越强，自主探究与合作交流的教学目标定位也应随之提高。

三、优化教学策略

所谓教学策略，就是在教学思想指导下，为完成一定教学目标，所采取的方法、途径和措施。教无定法，教而有法。具体要体现出“五个原则”。

（1）激情引趣原则：以情励学、以趣激学。情是纽带，要把教材之情、教师之情、学生之情水乳交融地贯穿整个教学之中。让学生学得有兴趣，不断体验成功的乐趣，培养高尚的志趣。一是教态表情；二是语言传情——入情入理；三是以情动情；四是评价激情。教师创设新奇、宜人的情境可以激起学生的好奇心、求知欲，这是课堂情绪的兴奋剂。

（2）设疑置难原则：使学生自学生疑、尝试排疑、启发释疑、练习解疑、创造设疑。课始，鼓励学生在预习的基础上质疑、问难；课中，激励学生对重点、难点深思质疑；课尾，引导学生回顾学习过程作反思。做到引疑探究、质疑回授、求异扩展，在课堂教学中变教师教为“诱”，变教为“导”，变学生学为“思”，变学为“悟”。

（3）民主参与原则：教学过程的优化程度取决于学生参与教学的程度。衡量学生有效参与教学的标志是：一是从调动学生积极的学习情感程度看参与的有效性；二是从组织学生开展的学习活动的广度和深度看参与的有效性；三是从激发学生思维活动的广度和深度看参与的有效性。尽量让学生独立观察，尽量让学生动脑思考，尽量让学生动手操作，尽量让学生动口表述，尽量让学生发现问题、质疑问难，尽量引导学生标新立异，培养创造性思维。让学生读一读、想一想、听一听、问一问、议一议、讲一讲、做一做、写一写。使学生全身心投入学习活动，完整地经历学习知识的过程。

（4）鼓励成功原则：主张人人都可以获得成功，都可以成为成功者；主张成功应是多方面的，不应局限在少数方面；教师帮助学生成功；教师创造条件，学生尝试成功；学生自己争取成功。强调以鼓励、表扬为主的鼓励性评价。

（5）差异教育原则：面对有差异的学生实施差异教育，教学应以中等水平学生为立足点，以不同学习层次的学生都有提高为出发点，使学习有困难的学生有进步，中等生有提高，优等生有发展，上、中、下学习层次的学生的目标和设计要在教学中认真落实。

第三节　优化教学过程的措施

一、数学教学必须提高数学素质教育的思想

作为数学教师必须树立这样的观念：人人应学数学，人人应尽可能多懂些数学，数学知识和方法的掌握应是每个人生活中必不可少的重要部分。这就要求我们决不能把数学教学单纯为少数人升学服务，去搞“题海战术”，去搞“猜题、押题”，使学生负担过重，妨碍学生全面发展，也不能把数学教学单纯为培养几个数学竞赛尖子服务，不适度地去搞各类竞赛辅导。而要把数学教学的主要精力投入每个学生身上，让全体学生都能学、都会学、都学会，让每个人都具有数学基本素养。

这种一切为了学生学好数学的教育思想观念是至关重要的。为了实现这一目的，必须做到如下几点。

1. 制定好能为全体学生接受的教学目标。要想使所有学生喜欢数学、学习数学，其中非常重要的因素是学习内容的可接受性，就是使学生对知识内容听得懂，学得会。这就需要从符合学生的实际出发，明确学生的学习内容，制定切实可行的“数学教学目标”大到每个章节、每个单元内容，小到每一小节内容。数学教学目标总的来说可分为知识目标、能力目标和德育目标。数学教学目标的制定，反映了学习由简单到复杂的层次递进，要求认识水平层次也由低水平上升到高水平；教学目的、教学要求的细化，符合学生的认知规律，有利于学生数学素质的形成；它使数学教学成为以确定教学目标为起点，绝大多数学生达到预期教学目标为终点的教学管理过程；它是树立“为一切学生学好数学”的

教学思想的基础工程。

2. 注重教学效果的回授。所谓“教学效果的回授”就是及时了解教学效果的信息，随时进行教学调节的一个动态教学过程。通过反馈、矫正，使每一个学生的数学学习都能达到教学要求。教师及时收集、了解教学效果的信息，其途径很多，如观察交谈、提问分析、课内巡视、课堂板演、作业批改等。以此作为收集和掌握学生的学习态度、学习行为和认知效果等方面的第一手资料，作为分析学生的学习态度及其变化的客观基础，从而进行及时的矫正和补救。这样做就能达到使基础好的学生保持稳定或稳定上升，基础差的学生成绩会明显提高，达到使全体学生在数学学习中都有所进步的目的。

3. 不断改进教法和学法。兴趣是学习的动力，没有丝毫兴趣的强制性学习，将会扼杀学生探求真理的精神，数学能不能学好，完全取决于学生学习数学的兴趣，而兴趣的培养又完全取决于教师的教学方法和教学艺术。学习有法、教无定法，无论采取哪一种教学方法，有两点是必须强化的：一是“引趣”，激发学生的求知欲。可采用多样化的教学手段，引发学生的学习兴趣，使学生在学习过程中产生愉快情绪，并随着这种情绪体验的深化，产生进一步学习的需要；二是让学生“会学”，进行学法指导，教给学生学习的方法和规律，引导学生自觉参与，学会思考，学会尝试，学会发现，为学生主动参与教学全过程架桥铺路，真正变“要我学”为“我要学”，“要我会”为“我要会”，有了这些保证，无疑会使得“为了一切学生学好数学”这样一个思想变为现实。

二、数学教学要强化数学的德育功能

新课程的实施，思想道德素质起着导向、动力和保证的作用，是衡量新课程是否得到真正落实的一个重要标志。教学活动是学校中用的时间最多、涉及面最大、内容最广泛的活动，是新课程实施的主阵地。所有学科的任课教师是德育工作的主力军。数学课强化德育功能，为提高人的素质服务，这是实施素质教育给数学教学带来的又一非常有价值的思考。

1．通过数学史向学生进行爱国主义教育。爱国主义教育是德育的基本内容，它贯穿整个小学教育的全过程，渗透在各学科的教学之中，我国数学有辉煌的历史，成就卓著。结合数学教学内容，不失时机地向学生进行爱国主义教育，是发挥数学德育功能之一。

2．数学哲学本身的辩证唯物主义教育。数学学科充满辩证唯物主义的思想方法，辩证法的核心是对立统一规律，即矛盾是普遍存在的，在一定条件下可以互相转化。我们可以通过揭示数学内容的实践性和数学内容的辩证关系，向学生进行辩证唯物主义教育，有利于学生确立正确的世界观，这是发挥数学德育功能的又一个重要方面。

寓德育于数学教学之中具有一定的难度，难就难在“寓”字上。它要求水乳交融，自然渗透，隐而不露，做到“随风潜入夜，润物细无声”。要想做到这一点，首先是弄清数学教学与德育的关系，在此基础上对数学教材进行逐章逐节的梳理剖析，明确知识传授点和德育渗透点并找到最佳结合点，使可渗透的内容具体化，同时编写示范性教案，进行教学实践。这就给数学教师提出了更高要求，要具有较高的政治素质和职业素质，除了对教材精通，熟悉教学方法之外，还应具有一定的政治、哲学、教育学、心理学、逻辑学、数学史和其他相关学科的知识，并能融会贯通，有串联迁移和感化的能力。

三、强化数学的社会功能，增强应用数学的意识

一个人的数学素质的优势不仅在于其掌握数学知识、数学理论的多少，也不是其能解决多少数学难题，重要的是看他能否运用数学的思维方式去处理现实生活问题，以及形成学习新知识的能力和适应社会发展的能力。这就给数学教学带来更加深刻的思考，那就是如何增强应用数学的意识。

我们应从不同角度和侧面强调发挥数学在解决实际问题中的作用，提高学生学习数学的兴趣，支持和引导学生从所熟悉的生活、生产、科技方面的实际问题出发，抽象出数学的概念和规律，使学生受到把实际

问题抽象成数学问题的训练，并且逐步把数学知识应用到生产和生活实际中去，形成应用数学的强烈意识。但真要达到这个目的，尚须做极大的努力，采取相应的举措：如进行课程教材改革增加应用数学的内容，甚至可在适当年级设置应用数学的独立章节；广泛开展应用数学的研究以积累题材和经验；对教师进行应用数学方面的专题培训。

四、培养思维能力，优化数学思维品质

数学是思维的体操。数学学习的本质就是一种思维活动。因此，在各项能力中，数学思维能力又占有突出的地位。但无论数学思维能力本身的提高还是一般思维品质的优化，数学学习所能起的独特作用是别的学科无法取代的。这正是实施数学素质教育应该引起我们足够重视的重要课题。数学思维包括求同思维、求异思维、联想思维、逆向思维等。下面仅就如何培养学生的逆向思维和求异思维进行初步的探讨。

关于求异思维，求异思维是一种创造性思维，它指出的是同一材料从不同角度、不同结构形式去探索结论的思维方法。它具有流畅、变通、独特等特征。它不拘泥常法、不恪守常规，善于变异、开拓、从多种途径去寻求问题的答案，对于培养学生的思维能力有着十分重要的意义。培养学生的求异思维，一是“多”，一是“变”。具体地说，即一图多画，一理多思，一题多解，一题（式）多用，一题多变和一式多联。所谓一题多解，就是引导学生用多种方法去思考问题，一条途径不通，另辟一路，为发展求异思维能力起铺路架桥的作用。所谓一题多变，是通过对某一题目的引申、发展和拓宽，增加问题的背景，增大发散程度，能表现出思维的灵活、适应、通达，不局限于某一框架之中，不受消极定势的束缚，能够随机应变。

多题一解，一题多变，培养了学生的思维能力，加强了学生对知识内在联系的认识。同时，使学生在变式之中领悟了知识与方法的内在联系，拓展了思路，发展了智力，创新能力的培养也必寓于其中。

五、全面提高数学教师的素质

数学课堂教学的关键在教师的素质。新课程的实施，对教师的素质提出了更高的要求。全面提高数学教师的素质势在必行。

首先是对数学教师的政治思想素质要求更高了。教师要坚定正确的政治方向，有高尚的道德品质和崇高的精神境界，也就是说数学教师要具有良好的师德。其次是对数学教师的专业知识素质要求更高了。数学教师需要不断加深数学专业知识的功底，使其更加深厚和扎实，不断更新知识，拓宽加深，形成系统。再次是对数学教师的各种能力素质要求更高了。这种能力包括教学能力、教育能力、科研能力、自学能力、开拓创新能力等。最后是良好的身心素质，使之达到身心健康，适应快节奏的繁重工作，具有较强的耐受力，精神昂扬振奋，心胸豁达开朗，意志坚忍不拔，具有抗挫折与失败的耐力，调节情绪的控制能力以及自我批评、自我完善的心理品质。

数学教师素质的全面提高是一项既迫切又艰巨的任务，要求我们必须多角度、多渠道、多层次采取措施。如发挥进修院校作用，加强高一个层次的学历教育。在数学教师中开展大练教学基本功活动，评选骨干教师和学科带头人，发挥这些教师在数学教学中的作用。加强对青年教师的培养，加大工作力度，因为青年教师在师德修养、专业知识水平、教学经验、教学管理等方面与数学教育和实际需要差距较大，因此对青年数学教师的培养提高，全面提高他们的素质应是数学教师培训的重点。

六、确立为学生终身学习和终身发展奠定坚实数学素养的数学教学理念

教师的教学思想、教学观念，制约着他的教学行为和教学活动。确立全新的素质教育理念，是我们能够适应教材调整步伐，迎接新的课程标准挑战的关键环节。因此，我们的数学教学再也不能重复应试教育的老路，将数学教学过程视为单纯为了学生得高分、上大学，应付考试的

单纯知识传授的过程，而应具有全新的理念：

1. 数学教学的培养目标应该定位在提高国民的素质上。数学教学应立足于培养学生终身学习的能力上，为学生的终身生存和发展奠定坚实的数学基础。要树立“人人学习有用的数学”“学数学、做数学、用数学”的观念，把数学作为人们日常生活交流的手段和工具。

2. 数学教学应该是一个不断重组、加工数学内容的过程。其中包括：挖掘教材中的育人因素，全面把握教学的激发点、参与的切入点、有力的生长点。

3. 数学教学过程应是情感体验的过程，要把课堂教学作为师生情感交流的场所。教师在教学中要面带微笑，要平等地、民主地与学生交流，使学生在兴趣与动机、自信与意志、态度与习惯等诸方面获得发展。

4. 数学教学应是以体会数学与自然界及人类社会的密切联系为背景，将数学教学融于当今改革开放、科技进步的飞速发展变化的形势之中，融入学生的生活实际中，培养学生应用数学的意识。

5. 数学学习应大力倡导学生主动参与、探究发现、交流合作的学习方式。教师是学习的组织者、引导者与合作者。

6. 数学教学应以教育科研为先导，把数学课题研究作为提高教学质量的“第一生产力”，努力实现数学教学课题化，课题成果课程化。以数学教学的热点和焦点问题为突破口，积极开展教改实验研究，注重成果转化，使数学教学充满生机和活力。

第五章　小学数学思想方法教学创新研究

第一节　数学思想方法教学研究概述

一、概念界定

（一）数学思想方法

关于数学思想方法的定义解读众说纷纭。而本研究以数学教学为视角，将数学思想方法界定为学生在学习具体数学知识和解决特定数学问题时提炼概括形成的思考策略、手段和思维方式。其中包括分类思想、归纳推理、数形结合思想、转化思想、变中有不变思想和模型思想等。

（二）数学思想方法教学

教学是指在国家教育目的规范下，由教师的教与学生的学共同组成的一种活动，是学生通过教师有目的、有计划地积极引导和培养，主动掌握系统的文化科学知识和技能，发展能力，从而促进学生自身全面发展的过程。

数学思想方法教学是教师根据一定教育目的，有计划、有组织地引导学生学习数学思想方法的活动。其形式表现为教师的“渗透”和学生的“感悟”两个方面，“渗透”即教师根据学生的年龄特征及教学内容的特点，采用适当的教学方式，在潜移默化中进行数学思想方法的教学；“感悟”即学生在知识的发生形成过程中体会和理解数学思想方法。

二、数学思想方法教学的特点

一般来讲数学思想方法的教学具有隐喻性、活动性、主观性和差异性等特点。

（一）化隐性为显性

数学思想方法隐于小学数学知识中，模糊地体现在数学课堂上。即便直接指出“××思想”“××方法”也不一定能起到应有的作用。例如教学分数加减法时出现过这样的题目：

（1）计算下面各题并找出得数的规律。

$\frac{1}{2}+\frac{1}{4}+\frac{1}{8}$　　$\frac{1}{2}+\frac{1}{4}+\frac{1}{8}+\frac{1}{16}$　　$\frac{1}{2}+\frac{1}{4}+\frac{1}{8}+\frac{1}{16}+\frac{1}{32}$

（2）应用上面的规律直接写出下面算式的得数。

$\frac{1}{2}+\frac{1}{4}+\frac{1}{8}+\frac{1}{16}+\frac{1}{32}+\frac{1}{64}$

这道题目中就隐藏着极限的思想，题目继续写下去，得数会越来越接近。但学生第一次接触时却体会不到极限的思想。即便教师说明极限思想学生也不一定一下子就能明白，因此有些数学思想方法在小学阶段隐藏的还是比较深的。这就需要教师有意识地将这些隐藏在数学知识内部的数学思想显性化，让学生能明明白白地体验到感受到。

（二）活动性

小学数学思想方法的教学必须寓于教学活动中，在教师的主导、学生的参与下完成。学生数学思想方法的发展水平最终取决于自身参与数学活动的过程。数学思想方法教学既源于知识教学又高于知识教学。知识教学是认知结果的教学，是重记忆理解的静态教学，学生无独立思维活动，具有鲜明的个性特征的数学思想方法也无法形成。因此，在数学思想方法的教学中应该组织课堂教学活动。

1. 组织有序的观察活动

感知是思维活动的窗户，是人们深入认识事物本质的开端。从认知心理学的角度看，感知就是对一个刺激做出理解并确定意义的过程。小学生的思维特点是由形象思维向抽象思维过渡。比如在教学《圆的面积》这一课时，将圆平均分成 8 份、16 份、32 份……以后，拼成近似的长方形时就要引导学生有序地观察、比较，并引导学生思考拼成的平行四边形越来越接近哪个已经学过的图形，进而引导学生观察得出圆面积的计算公式。

2. 开展适度的操作活动

苏霍姆林斯基说过“儿童的智慧在他们的指尖上。”这是因为儿童通过动手操作能促进思维的发展。在数学课堂上就可以结合学生“爱动”“好奇”的品质，从培养学习能力、促进数学思想方法学习和提升数学素养的角度出发，指导学生进行适度的操作活动，调动他们的多种感官参与认知活动。还以“圆的面积”这一课的教学为例，在引导学生观察比较之前，就要引导学生自己将圆平均分成 8 份、16 份、32 份……然后动手拼成一个认识的图形，再观察这个拼成的图形和原来的圆有什么关系，进而推导出圆面积的计算公式。这就是一个活动性的过程。在这一过程中学生能体会到将圆平均分成的份数越多，拼成的图形就越来越接近长方形，进而一步步地体会数学思想方法中的极限思想。

3. 加强语言交流活动

一个人智力的发展和他形成概念的方法很大程度上取决于语言的发展。小学生的语言区域狭窄，更缺乏数学语言。每个学生在课堂上可能观察的角度不同，思考的结果不同，因此教学过程中应多注意引导学生观察与说、操作与说、听与说相结合，这样能更好地促进小学生对数学思想方法的学习。还以“圆的面积”这一课的教学为例，在将圆平均分成若干份拼成近似的长方形后，引导学生在思考后相互交流他们各自的观察体验，从而达成一致的、更加丰富的认识。这不仅对学习圆的面积的公式推导有帮助，也能更好地促进学生数学思想方法的学习。这一过程中学生不仅能体会极限的数学思想，也能体会到数形结合的数学思想方法。

（三）主观性

小学数学思想方法教学的主观性体现在两个方面：一是作为教师的主观性，二是作为学生的主观性。

1. 作为教师的主观性

作为教师不仅要明晰小学数学教材中的数学思想方法，还要能对某些重要的数学思想方法进行分解、细化，使之明朗化，具有层次性。

教师要在主观上了解某种数学思想方法的含义及价值，掌握某种数学思想方法的初步应用会应用，该种数学思想方法指导思维活动，解决某些具体的数学问题。最后教师要在具体的每一节课教学中使数学思想方法教学目标与课堂教学结构的各个重要环节相匹配，形成知识目标与思想方法目标的有机整合，使之具有可操作性。如果教师不重视数学思想方法的教学，即便教材中的数学思想方法再突显，也不能有目的、有计划地让学生掌握。

2. 作为学生的主观性

新的教育理念认为学生是学习的主人。学生作为数学思想方法学习的主体，在学习过程中一定要能发挥主观能动性。学生在学习过程中一定要能自己发现问题、探究问题、解决问题，真正体现自己是课堂的主人。当然，学生毕竟年龄比较小，自控能力也比较弱，要想发挥好学习的主观性，还需要教师多方面的培养，比如教师要能激发学生的兴趣，要调动学生的参与性等。

（四）差异性

数学教育的目的是为了使每个学生都得到发展、提高，充分发掘每个学生的潜能，使每个学生都能学好数学。但无论哪一年龄段学生都存在个体差异，这种差异性的客观存在决定了教师对差异性教学探索的重要性。小学生对数学思想方法的学习主要在于领悟，这比知识的学习更具难度，因此也就更有差异性。

1. 年龄阶段的差异

小学低年级的学生思维水平较低，处在形象思维的阶段，对思想方法的学习只是较浅显的感知。小学高年级阶段学生的逻辑思维能力有了较高的发展，数学思想方法的学习就比较深入了。比如学生对“分类”这一数学思想方法的学习。低年级只能让学生对事物进行较简单的分类，体会分类的好处。而高年级学生“分类”时就可以是多维度的，因此在不同的年龄阶段对学生数学思想方法的教学程度是有差异的。

2. 学习能力的差异

学生之间的差异是客观存在的，每个学生不可能按同一水平发展。数学课程标准也提出了“让不同的人在数学上得到不同的发展”这一理念。作为教师应尊重学生的个体差异，为不同层次的学生在数学知识、能力和技能等各方面提出不同的要求。同一数学思想方法，对于学习能力较强的学生可以要求他们明确地掌握。对于学习能力较弱的学生，只要能感知就可以了，不可过多强求。比如“数学建模”这一数学思想，对于有能力的学生，要让他们能自己尝试建立数学模型，而能力较弱的学生，则只要能体会这一过程就可以。

3. 教育资源的差异

教育资源的差异对于小学教师来说是不可控的。既有地区间的差异、城乡间的差异、学校间的差异、还有教师教学水平的差异等。教育资源相对丰富的地区，教师的教学能力较强，对教材的把握水平较高，有较好的教育研究氛围，实施数学思想方法教学的可能性就比较大。

三、小学数学思想方法教学的基本原则

教学原则作为指导教学活动的依据，是教师实施教学行为时所必须参考的标准或准则。因此，为探索出符合小学数学思想方法教学特征的、具有操作性的策略，首先需要明确小学数学思想方法教学的指导原则。

（一）教师主动渗透与引导学生自觉领悟相结合

实施数学思想方法教学的首要前提是教师的主动渗透。数学思想方法虽然以数学知识为载体，但在课堂教学的具体实施中又与数学知识有

所不同。数学思想方法反映的是数学知识的本质和各知识之间的联系，具有概括与抽象的特点，更大程度上属于一种思维方式。与数学知识相比，数学思想方法的教学对学生的思维水平要求更高。但受年龄的限制，小学生没有办法一下子理解具体内容中蕴含的思想方法，教师必须循序渐进、长期坚持的去渗透，这样才能加强学生对数学思想方法的认识。

当然，教学从来不是教师的“独角戏”，对于数学思想方法，除了教师的渗透，更重要的是学生的自觉领悟。如果教师在渗透时忽略或者无视学生主体，那么无论何种渗透方式都将是徒劳，甚至还会影响正常的教学进度。学生学习数学思想方法的过程是一种“意会”的过程，更多的需要依靠学生自己的体会与思考。所以教师要注重创设情境，着意引导学生自觉领悟数学思想和方法，以真正达到潜移默化中的理解和掌握。

虽然整个过程没有刻意强调数形结合，但又时时刻刻体现着数形结合思想，这便是“润物细无声”的魅力。由此我们可以得知数学思想方法教学必须以教师的主动渗透为前提，以引导学生的自觉领悟为基础，二者缺一不可。

（二）教师重视过程与引导学生积极参与相结合

数学教育的应有之意不在于让学生掌握既定的概念、法则、真理，而是培养学生数学思想方法“数学思想方法蕴涵在数学知识的形成、发展和应用过程中”，它的感悟是老师教不出来的，更多是需要学生的亲身体验，这时引导学生积极参与课堂教学就显得尤为重要。教师应充分挖掘教材，努力寻求不同类型的数学思想方法与知识之间的联系，准确把握教学目标，科学编制教案，创设适宜学生参与探索的教学活动。

（三）教师逐级呈现与引导学生系统概括相结合

数学中有一些重要的内容、方法、思想需要学生经历较长的认知过程，逐步理解和掌握。因此，在进行数学思想方法的教学时，教师需考虑到学生的年龄特征、认知发展规律以及已有的知识经验，有阶段、有层次的呈现数学思想方法。例如，在低年级，学生的认知发展正处于具体形象思维阶段，对新事物的认知往往需要借助直观，这时教师需要把握好数学思想方法的渗透分寸，将渗透重点聚焦学生的感受与了解；在中年级，学生的抽象思维得到发展，此时渗透的重点可设为领悟，教师通过典型例题向学生揭示某种数学思想，深化学生对数学思想方法的认识；在高年级，重点可放在数学思想方法的应用上，探索分析问题，掌握解题思路与方法。但需要注意，不同思想方法的教学层次划分会有所不同，教师在教学中要结合具体实际合理安排。

基于数学思想方法层次性的特征，教师还应在教学中遵循整体性原则，从整体上把握小学阶段数学思想方法目标的下放模式，有意识地引导学生进行系统化的概括与总结。与具体的数学知识一样，对于某一种数学思想，我们要明晰它所涵盖的数学方法，以及所串联的具体的数学知识。对数学思想方法进行架构，形成自身的体系，这样才能更好地发挥其整体功能，才能进一步帮助学生理解和掌握。比如在学习完四年级上册的教材之后，教师可以引导学生对“图形与几何”中的知识进行概括，详见图 5-1。

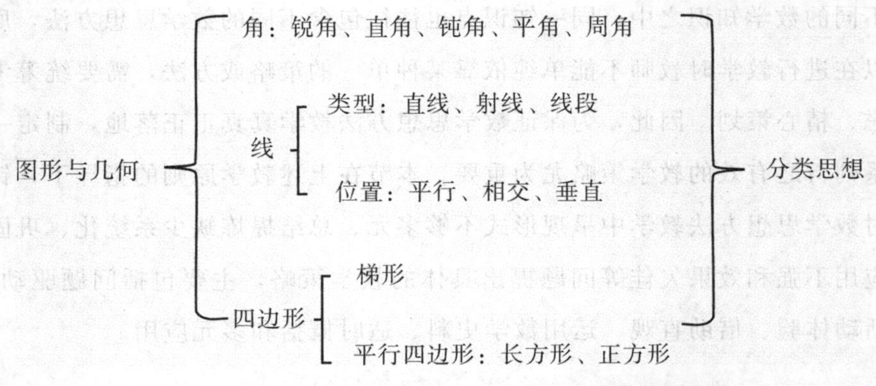

图 5-1　“图形与几何”中的分类思想概括

简单的思维导图，不仅能理清各章节知识的脉络，将图形与几何领域的知识系统化，而且还能让学生经历分类的过程。从角、线、四边形三种类型出发让学生感悟分类的标准，进一步理解任何物体，按照不同的分类标准，可以有不同的分类；从线和四边形的再分类出发，让学生思考逐级分类的关系，对于一种事物我们可以进行层次性分类，大类中包含小类，层层细化，最终使该事物变得更清晰、富有条理性。

由此可见，教师的逐级呈现与引导学生系统概括是一个紧密相关、相辅相成的过程，教师在教学中要适切把握，合理运用。善于从具体的数学内容着手，理清其中蕴含的数学思想方法，找寻渗透点，让学生逐级感悟、形成、掌握数学思想方法，最后构建起属于自己的“数学思想方法体系”，发展其数学思维。

综上所述，小学数学思想方法教学应以数学课程标准、学生的认知发展规律为依据，以数学知识为载体，坚持在教师主动渗透与引导学生自觉领悟相结合、重视过程与引导学生积极参与相结合、逐级呈现与引导学生系统概括相结合原则的指导下有效实施。

第二节　小学数学思想方法教学的创新策略

由于小学数学思想方法种类繁多、形式多样，同一思想方法蕴含于不同的数学知识之中，同一知识点也往往包含不同的数学思想方法，所以在进行教学时教师不能单纯依靠某种单一的策略或方法，需要统筹考虑、精心策划。因此，为保证数学思想方法教学真真正正落地，制定一系列行之有效的教学策略尤为重要。本节在上述教学原则的指导下，针对数学思想方法教学中呈现形式不够多元、总结提炼缺少系统化、巩固应用不强和效果欠佳等问题提出具体的教学策略，主要包括问题驱动、活动体验、借助直观、运用数学史料、适时概括和多元应用。

一、问题驱动策略

所谓“问题驱动”指教师通过创设恰当的问题，以此激发学生数学思考，增强学生对数学思想方法的体会与感悟。在具体实施中，教师需要做到以启发学生思考为前提，以引导学生回忆再现、启发孕育和重新审视数学思想方法为目的。

（一）利用问题回忆再现数学思想方法

基于回忆再现数学思想方法的问题创设应时刻关注学生的认知水平，注重唤醒学生头脑中有关数学思想方法的已有经验。事实上小学生从一年级开始就已经接触到数学思想方法，比如数的分成中、人民币的分类中、找规律中等。因此在进行教学时，教师应充分考虑学生的已有图式，善于挖掘已学知识中蕴含的数学思想方法，在串联相关知识的基础上创设问题，让学生在回忆中再现对数学思想方法的认识。虽然这些认识浅显，但却是学生感悟理解数学思想方法，顺利推进数学思想方法教学的必要基础。

如在进行“梯形的面积”一课教学时，一位教师将“同学们，还记得我们是怎样推导平行四边形和三角形的面积公式的吗?”的问题作为“梯形的面积”一课的探究起点，问题看似简单，实则为学生领悟和理解转化思想埋下伏笔。学生在学习平行四边形、三角形的面积时，已经通过“把平行四边形转化为长方形、三角形转化为平行四边形的方法”探究出它们的面积公式，具备了转化思想的数学经验。该教师创造性的提出问题，引发学生回忆在推导平行四边形和三角形面积公式时所采用方法，激活了学生的认知经验，为后续转化思想在梯形面积公式推导中的运用打下坚实基础。[①]

（二）利用问题启发孕育数学思想方法

教师教学中首先需要明确，教学效果的好坏取决于所提问题的质量，高质量的数学问题往往会使课堂效果事半功倍。所以在启发孕育数学思想方法时教师应做到两点：一是提出的问题需要具有一定的启发性，在层层深入中促进学生对数学思想方法的积极探索和思考；二是具有一定的方向性，每一个问题的提出，都应指向学生对数学思想方法的孕育，这样才能加深学生的理解，更好的回答某种思想方法“是什么?”“怎么用?”的问题。例如在学习下面的内容时，就可以进行如下的问题

① 顾泠沅．数学思想方法［M］．北京：国家开放大学出版社，2019：233.

创设。

内容："用 0、1、3、5 能组成多少个没有重复数字的两位数?"

问题 1：这道题属于哪类问题?研究这类问题时我们用的方法是什么?

问题 2：这个问题我们应该怎样进行讨论?在讨论时需要注意什么?

先前学生在角的分类、简单搭配等相关内容的学习中已感知过分类思想，对分类讨论的方法有了一定了解，问题 1 能够帮助学生提取出有关分类讨论方法的信息编码，问题 2 则能有效促进学生对分类思想的思考，探寻如何进行分类讨论。在自主探究中学生可能会想到很多种方法，但在对比后会发现只有先明确标准——"固定十位"或"固定个位"，才能简单有序的呈现结果，体会到结果与事物顺序的相关性，真正领会到分类思想的本质，让学生在解决排列组合问题时能够自觉用到分类讨论的方法。

（三）利用问题审视数学思想方法

利用问题重新审视数学思想方法是指教师在教学中要学会利用问题，引导学生思考数学思想方法的本质所在，梳理其中所蕴含的一般规律，以帮助学生理解掌握每种数学思想方法的核心要素。此类问题的创设应紧密结合数学思想方法的实质特征，考虑前后环节间的逻辑关系，抓住数学思想方法的关键点，激发学生的"火热思考"和深度理解，内化形成自身的思维能力。

另外，为有效实现学生由"问题——数学思想方法——思维能力"的转化，教师在具体操作中可采用"追因"的方式，引导学生向前追寻这个思想方法形成的缘由和依据，让学生知道"为什么"。如在讲授《分数乘除法》的复习课时，教师在推理活动结束后，及时抛出"我们为什么要进行推理?""刚才进行推理的根据是什么?"此类问题，让学生在重新审视中找到推理的依据。该问题不仅在无形之中帮助学生建立起"数"与"算"之间的联结，同时让学生明白演绎推理的关键：需要以一定的原理、法则等为前提，以合乎逻辑的步骤为基础。让学生真正能“知其然”，亦能“知其所以然”。

二、活动体验策略

活动体验是指教师为学生提供“再创造”的活动机会，让学生经历数学思想方法的形成过程，逐步感悟数学思想方法的精髓，把握数学知识的本质特征，实现感性经验向理性认知的转化。活动体验的教学样态主要有四种，一是在游戏活动中体验数学思想方法；二是在猜想活动中体会数学思想方法；三是在实验探究中亲历数学思想方法；四是在建模过程中领会数学思想方法。

（一）创设游戏活动体验数学思想方法的外在表现

游戏是学生最喜爱的活动之一，生动、有趣的游戏活动能够使数学思想方法以学生更易接受的方式出现在课堂。尤其是对小学生来说，数学思想方法过于枯燥、抽象，普通的教学方式很难激起他们的学习兴趣。因此，教师可借助游戏活动，将数学思想方法有机融入其中，更好地激发学生学习的原动力，引领学生认知、理解数学思想方法。

在创设游戏活动时，应注意以下几点：

1. 游戏目标要明确。此类游戏的目的在于促进学生对数学思想方法的理解，因此在进行游戏定位时应紧密结合相关的知识内容。例如在学习“平行四边形的面积”一课时，为让学生更好理解转化思想，可以在上课前为学生组织七巧板小游戏。七巧板变化多端，妙趣横生，学生在动手拼一拼、摆一摆的过程中能形象地理解图形之间的转化关系。

2. 提供自由互动的机会。此过程主要强调学生在自主合作中的动手操作，只有积累一定操作经验，才能对数学思想方法有所体验与感悟。

3. 要有记录过程的环节。小学生对规律的发现往往需要借助可视化的材料，这就需要引导学生记录游戏结果。比如在学习图形体积公式的推导之前，可为学生创设诸如捏橡皮泥的游戏。先让学生动手操作，记录下每次的操作结果，再以“在形状不断变化的过程中不变的是什么?”的问题引导思考，最终学生会发现“无论橡皮泥的形状如何变换它们的体积始终不变”，该活动不但充分展示出数学的亲和力，更是在无形之中体验到“变中有不变”的思想。

（二）引导猜想活动体会数学思想方法的内在奥妙

猜想是指教师通过组织猜测联想的活动，引导学生探索体会数学思想方法的奥妙。小学生思维活跃、想象更是天马行空，教师应抓住学生这一特点，多提供猜测联想的机会，但在具体操作中需要注意对猜想类型的合理选择。数学思想方法中的猜想类型多样，包括“特殊化猜想”“一般化猜想”“类比猜想”和“归纳猜想”等，每种猜想类型的适用范围有所侧重，教师在教学中应充分考虑具体的内容和学生的实际情况，真正让学生能“猜”之有据，猜之有“理”。

例如在学习“有趣的测量”一课时，可以借助曹冲称象的方法诚恳邀请学生为“测量一粒黄豆的重量”“测量一张纸的厚度”等出谋划策。学生在自由交流中会发现，一粒黄豆的质量、一张纸的厚度很难单独测量，此时就可以引导学生展开联想，有的同学可能会想到先测量出一百粒豆子的重量、一百张纸的厚度……这样的联想，既能实现未知向已知的转化，又能让学生体会到等量变换思想的奥妙，拓宽学生解决问题的方向与途径。

（三）设计实验探究亲历数学思想方法的形成过程

多样化的实验活动能够让学生经历数学概念、规律、定理等知识的研究发现过程，使学生在动手动脑、观察实验中获得切身体验，体悟到数学思想方法的精髓与价值。而小学数学思想方法教学中的实验探究多是验证性实验，这类实验强调目标的明确性。一般来说，在初级阶段教师需要为学生提供目标清晰、条件充足的实验目标，学生通过选择恰当的思想和方法验证结论；然后随着实验活动不断深入，可加大难度，提供一些目标不明确的问题，让学生自由探索，经历“猜想—验证—结论”的完整过程。

在《三角形内角和》一课教学内容中，蕴含着多种数学思想方法，其中最为突显的当属归纳推理。一位教师为使学生进一步感受这一思想，创设出以“三角形的内角和等于多少度?”为目的的实验探究，并制作实验报告单锻炼学生的实验记录能力。

在实验过程中，学生首先提出“三角形的内角和等于180°”的猜测，之后开展验证：

小组1：画一个三角形，然后量出三角形的三个内角的度数，加起来看是否接近180°（可能会有些误差）。

小组2：画一个三角形，剪下三个角拼一拼，看能否拼成一个平角。

小组3：撕下三角形的三个角，拼一拼是否是180°。

小组4：把三角形的三个角往里折，看一看是否折成一个平角。[①]

……

经多组实验探究之后最终得出“三角形的内角和等于180°”的结论。在这一实验中，学生经历了“猜想—验证—结论”的全过程，较完整地体会完全归纳法，领略到合情推理的过程之美。其实合情推理作为一种重要的证明方法，在小学数学的很多结论推导中都有体现，比如正方形体积公式的推导等，教师可多为学生提供实验探究的机会，以使学生逐步意识到合情推理在数学学习中的重要性。

（四）经历数学建模过程领会数学思想方法的核心

“模型思想的建立是帮助学生体会和理解数学与外部世界联系的基本途径”，是解决数学问题的基本方法，教会学生如何建立模型对数学学习有着深远的意义。就小学生而言，建模是一个充满复杂性与挑战性的过程。因此教师在课堂教学中，不能仅仅拘泥于模型的生硬套用，要善于从学生已有的经验入手，引导学生通过自主、合作、探究的方式，经历明确问题、分析问题、建立模型、求解问题的全过程，领会数学思

① 孔企平. 小学数学课程与教学［M］. 上海：华东师范大学出版社，2016：99—100.

想方法的核心，使人人都能理解所建的数学模型。

以《植树问题》[①] 为例，可以封闭的植树问题为核心模型，然后延伸演变出其他的模型。先引导学生识别数学信息，通过画线段图的方式表示栽树的情况，实现数学语言的转化，再借助表格帮助学生探索“棵数与间隔数之间存在的关系”，体会封闭图形中树的棵数与间隔间的一一对应，建构出“棵树＝长度÷间隔”的数学模型，然后再演变出其他模型（如图 5-2）。

（1）一端栽一端不栽：棵数＝长度÷间隔。

（2）两端都载：棵数＝长度÷间隔数＋1。

（3）两端都不栽：棵数＝长度÷间隔数－1。

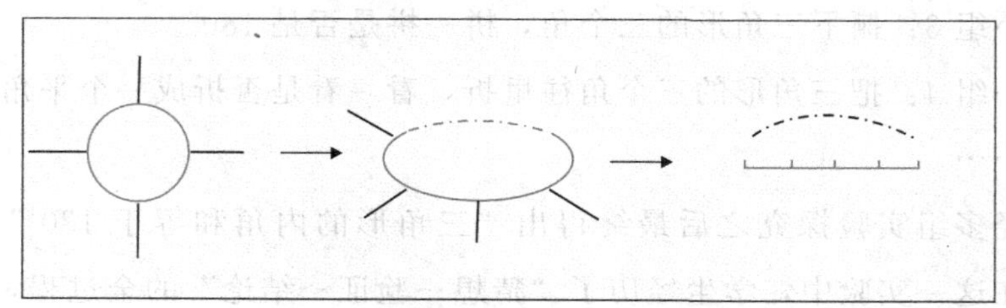

图 5-2　植树模型

此外，建立数学模型并不表示问题得到解决，把建立的模型拓展到现实生活才是最终目的，教师可寻找诸如架设电线杆、排队等“植树问题”。这样才能内化学生对数学模型思想的理解，让学生体会到数学模型与生活的联系，体验到所学知识的应用价值。

三、借助直观策略

鉴于儿童思维的特点，小学生的学习一般是从“直观”开始的，通过接触大量的客观事物来获得感性认识。为此，在小学数学思想方法的教学中要尽可能多的呈现实物、模型、图形等表象，帮助学生形成有关数学思想方法的直观表征。

---

① 王永春．小学数学核心素养教学论［M］．上海：华东师范大学出版社，2019：201．

（一）借助具象模型

内隐的数学思想方法往往需要借助直观性的教具才能得以外显。具象模型作为比生活中的实物更抽象的客观事物，有较好的简便性和易操作性，借助具象模型能够有效的突出教学重点，化解教学难点，使学生主动地获取知识。因此教师在教学中要善于寻找和创设比实物更抽象的模型，依据不同的数学内容和思想方法有针对性的选择和使用所需教具。比如在“角”的教学中，贲友林老师用伸缩天线制作教具——“活动角”，并在课堂中通过固定“活动角”的顶点，让学生在推拉天线的过程中感受角的边长和角的大小之间的关系。学生经多次操作后发现，当角的顶点固定时，无论角的边长如何变化，角的大小都未发生改变。在这一活动中，学生借助“活动角”这一模型，多次理解和认识了角的大小与边长两种相关联的量，更加直观的体会变中有不变的思想：变得是角的边长，不变的是角的大小，最终透过现象抓住数学知识不变的本质：“角的大小与其边长的长短没有关系”。

（二）借助图形表征

图形表征就是借助图形、几何直观等将抽象的数学思想方法形象化、具体化。其形式表现为两种，一是强调动手操作的画图直观，二是形象化的动态呈现。

1. 借助画图直观

数学是研究现实世界的数量关系与空间形式的科学，虽然小学的数学内容没有中学那么抽象，但学生在面对较多的文字信息时依然会无从下手。所以在教学过程中，教师要有意识地利用数、形之间的关系，引导学生运用图形进行表征，善于数形结合，学生的数学学习才能有所突破。

如在“位置与方向”一课教学时，可为学生开展“介绍家到学校的路线”的活动，学生在介绍过程中会发现单纯的语言描述无法清晰表达出行程路线，唯有借助图形才能更直观阐明具体的位置和方向。并且画图的过程也是数形结合思想顺理成章得以呈现的过程，学生在此过程中能逐步感受画图的意义和价值，体会到“以形助数”和“以数解形”的益处。

2. 借助动态呈现

近年来，利用多媒体教学已然成为常态。在多媒体的辅助下，教师能够更好的突显数学的发生、发展过程，给予学生动态化的体验，让学生对数学问题产生更加透彻、深入的思考。同样在数学思想方法的教学中，教师也可以有选择性地使用多媒体软件，通过动态化的呈现来助推学生的“同化”或“顺应”，提升数学思想方法的教学效果。例如在解决“极限”这一问题时，由于小学生对极限的认识还处于初级阶段，在问题的理解上存在一定的困难，也很难依据算数的知识计算出结果。教学中，教师就可以构造一个面积是1的几何图形（见图5-3），通过多媒体动态展示无限次的分割，帮助学生进一步理解问题，更好地认识极限和数形结合思想。

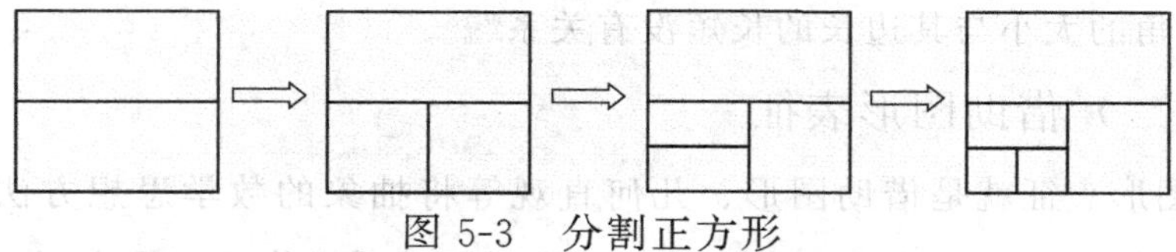

图 5-3　分割正方形

教学中的动态呈现必须遵循“以学生为本”的原则，切不可喧宾夺主，一味地展示，为了呈现去呈现，最终忽视学生思考和动手能力的培养。因此在使用前，教师需要明确呈现的目的在于辅助学生的合作交流、动手操作，然后再与特定的知识相结合，促进学生对数学思想方法的直观感悟和理解。

（三）借助言语直观

言语直观是指利用符合儿童的语言描述，将抽象、枯燥的数学思想方法具体化、生动化，使学生头脑中产生形象、直观的新表象，达到对数学思想方法的领悟。在课堂教学中有些数学思想方法是无法通过图形表征、具象模型来具体呈现的。例如在学习“圆的面积”一课时感悟的极限、学习“直线”时认识的无穷，我们没有办法给学生呈现出一个无限细分下去的圆，也无法展示出一条无限延长着的直线，都只能让学生在操作之后自己去领会，而诙谐有趣、符合儿童认知风格的语言能够促进学生的内心感悟。

如在教学“循环小数”一课时，可以通过“从前有座山，山里有座庙，庙里有个小和尚和老和尚，老和尚正在对小和尚说……”来让学生初步感知循环中的无穷和极限思想。除此以外，吴正宪老师在讲授此课时，还引导学生举出诸如：“生 1：每天太阳从东方升起，从西边落下，第二天又从东方升起……”，“生 2：过了星期日，是星期一、二……又到星期日，周而复始，无穷无尽”① 的例子，通过简单朴实的语言，让学生获得“循环”意义的感性认识，体会到生活中的无穷和无限。

四、运用数学史料策略

数学史作为展示数学知识发展历程的史料，其本身就包含各种数学思想方法。了解数学史、数学的发现过程，能够帮助学生生动有趣的了解数学思想，体会到真正的数学思维过程，而不再局限于教材中已经失去活力、被标本化的数学。

一方面，作为教师应合理地开发利用数学史料，巧妙引导学生认识数学概念、数学思想和方法等的来龙去脉，利用有限的课上时间让学生真正有所感悟，从而帮助学生建立数学整体意识。例如典型的“数的产生”一课，丁媛媛老师根据“数”的历史发展顺序，重新建构了学生对“数”的认知顺序，从“实物记数→符号记数→阿拉伯数字”三个环节（见图 5-4）引导学生学习。② 在古时候的石子记数、结绳记数、刻道记数中了解数学的一一对应；在巴比伦数字、中国数字、罗马数字中体会符号化的表征；在阿拉伯数字的演变中深化对十进制计数法的认知。这

---

① 吴正宪，张秋爽，贾福录. 听吴正宪老师上课［M］. 上海：华东师范大学出版社，2012：119.

② 丁媛媛，费岭峰. 数学史教学须重构学生的体验［J］. 教学与管理，2020(32)：68.

样从具体到抽象的教学过程，既能够帮助学生了解数学的“前世今生”，理解数学思想方法，又能彰显数学史的教育价值。

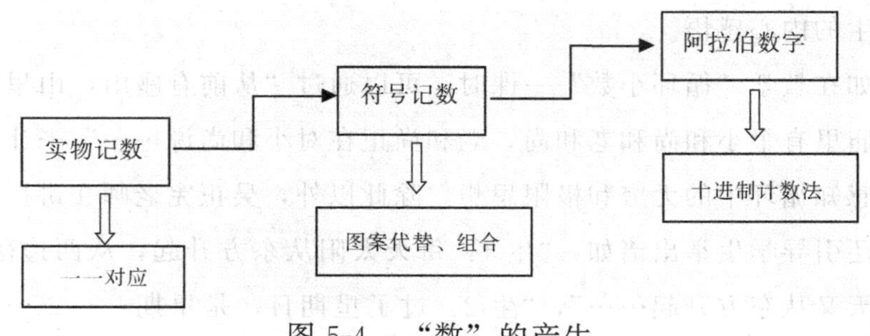

图 5-4　“数”的产生

另一方面，数学史料的使用并不是简单的堆砌或生搬硬套，教师需要结合具体教学内容有所取舍和整合。比如，查阅资料可以发现关于“圆”的数学史料丰富，阿基米德、开普勒和我国的数学家刘徽等都有深入的研究，这时教师就可以有选择性地应用。“圆的面积”一课可与刘徽的“割圆术”相整合，正所谓“割之弥细，所失弥少，割之又割，以至不可割，则与圆周合体而无所失矣”。通过呈现古人的割圆过程：先作圆的内接正六边形，再作圆的内接正十二边形……随着边数的不断增加，正多边形越来越接近与圆，他们的面积和周长也越来越接近与圆的面积和周长。帮助学生了解图形割补的古为今用，体会“化圆为方”中的极限和转化思想。这种依托于数学史料背景下的图形割补则更易被学生所接受，使学生清晰地明白其中的解答原理。

五、适时概括策略

适时概括是指当学生经历完过程体验之后，教师要有意识地引导学生反思整个活动的探究思路，总结解决问题过程的中指导思想，深化学生对数学思想方法的理解，最终达到数学思想方法的显性化。

（一）适时提炼概括数学思想方法的要领

适时提炼并不等同于直接告知学生，而是在引导学生回顾某节课渗透的数学思想方法之后，教师给予适当概括，让学生明晰活动中所用的思想方法。因此教师在总结时不仅要关注数学知识层面，更要为数学思想方法留些空间，适当的点明思想，帮助学生梳理出整个活动的指导思想，给学生带来“柳暗花明又一村”的感觉，在头脑中建立起相对完整的数学思想框架，实现数学知识的系统化。

在小数乘除法练习——以“猜想之后”为例中，教师可以设计如下的总结环节：

师：回顾两份作业，回想这节课，你有什么收获？

生 1：我懂得了猜想以后要验证，验证时可以举例子，也可以讲道理。

生 2：我知道了做数学题时要多做一些猜想，然后再去验证。这是很有趣的事情。

生 3：我知道了我要学会猜想，不猜想的话，就永远不会有发现。

师：创新来自猜想，要创新就得敢猜想，有猜想就会有差错。这节课，让我们感悟到猜想只有……

生：要验证。

这个教学片段充分揭示出其中的数学思想方法。在引导学生回顾学习过程中，教师并没有对小数乘除法的计算方法进行总结，而是点明本节课所使用的方法，加深了学生对猜想验证的理解，这种总结的方法值得我们学习。

（二）反思梳理数学思想方法的运用过程

在教学中教师应注重培养学生的反思意识，引导学生回味整个教学活动，厘清某种数学思想方法的运用思路。反思是数学学习中必不可少的环节，是学生实现自我提升的一个重要过程。通过反思质疑，能促进学生对数学思想方法的认识，帮助学生获得更高阶的思维技能，以实现创新意识的培养。因此，在完成某个数学活动或解决完某个问题之后，教师要善于引导学生追根究底，反复叩问：其中应用到了哪些数学思想方法？具体包含哪些步骤？该种思想方法的核心和本质是什么？不断促进学生对复杂问题情景和数学思想方法的认识，提高数学思想方法的巧妙性和合理应用性。

与自我反思一样，同伴间的质疑也非常重要。“学则需疑”，学会质疑是学会学习的重要表现，也是激发学生深度思考的有效途径。因此，教师要学会给学生留下相互质疑的空间，例如，在课堂中经常进行基于生生的对话：“你为什么会选择这种方法?”“你的思路是什么?”……一步步的质疑，是对解题思路的不断完善，对数学思想方法的深化。

（三）有效促进数学思想方法的延伸迁移

在教学中教师要有全局意识，善于利用有效延伸，把零散的数学知识串联起来，使学生在头脑中能够进行系统化的建构，形成对思想方法的整体性认知。

其中有效延伸可以是指向数学知识的延伸。比如学习完“平行四边形的面积”之后，学生对图形之间的转化有了一定的了解，这时教师可以引导学生梳理原有的知识，学生会发现在三角形内角和、不规则图形以及组合图形周长等的推导中都用到过转化的思想方法，接着让学生思考日后在哪些知识点学习中可能会用到此方法，为后续圆的周长和面积的学习做好铺垫。

也可以是指向生活的延伸。例如在讲授“烙饼问题”一课时，一位老师在归纳总结时通过出示电饼铛图片的方式来实施生活化的延伸：

师：它的出现改变了我们的生活，你知道它的好处在哪吗?

生：电饼铛可以一次同时烙两个面，还能省时省电。

师：是呀，我们不但可以通过充分利用已有条件进行优化，还可以通过改造“锅”进行优化，这样的例子在我们生活中广泛地存在。看来“优化”不但可以节省时间，节约资源，还促进了社会的进步，改变了我们的生活！希望“优化”的思想在同学们的头脑中长成参天大树，更希望同学们用它来创造我们更加美好的生活！[①]

---

① 王永春. 小学数学思想方法解读及教学案例［M］. 上海：上海华东师范大学出版社，2017：271.

以实际生活问题为起点，生活化的延伸为终点，为学生建立起“生活—数学—生活”的循环过程，让学生体验到优化思想给数学和社会带来的便利，真正使数学思想落到实处，在学生头脑中生根发芽。

六、多元应用策略

多元应用即教师通过创设具有针对性、多样性和综合性的习题，为学生提供精准、灵活和综合应用数学思想方法的机会。多元应用的根本目的在于让学生获得数学思想方法的元认知经验，增强对数学思想方法的自觉应用意识。

（一）精准应用

精准应用即渗透完某种数学思想方法之后，教师要为学生设计具有针对性的习题，以此提高学生对题目和思想方法的识别能力，让学生站在更高的层面掌握数学思想方法的本质和规律。众所周知，数学思维的锻炼和提升需要不断练习、实践来实现，而数学思想方法的掌握也是如此。精准的应用练习能够使学生清楚认识某种数学思想方法，知道它们可以运用到哪些知识板块，应该怎么使用，在使用的过程中需要注意什么问题等。但需要强调，精准应用不等同于机械的套题型，应用的目的在于让学生更加深刻地理解运用数学思想方法解决数学问题的操作方式。例如，在学习完“搭配（一）”后，某教师为学生设置了生活中常见的“合照”问题。根据新授课的知识经验，学生很快便能识别出此题的所属类型——排列组合问题，从而联想到分类讨论的方法。如此类型的针对强化，能够加深学生的长时记忆，牢固掌握某一数学思想方法的核心要义，以更好应用于生活。

（二）灵活应用

所谓灵活应用是教师针对不同数学思想方法设置多样化题目，组织学生应用，以培养对不同思想方法的识别和灵活选择能力。实际上，数学问题的解决过程是一个反复思考运用数学思想方法的过程，经过反复的思考，学生能准确识别出题目类型，从头脑中快速提取所掌握的相关信息，然后进行知识与思想方法的再现。此外教师还要为学生设置一些有层次性的练习，以基础题目切入，以拔高题目升华，当学生产生困惑时引导多角度思考，不断巩固和提升学生对数学思想方法的理解，最终达到灵活的学以致用。

以转化思想、数形结合思想为例，为培养学生对于这两种数学思想方法的灵活选择能力，教师可以结合相应内容设置诸如“一根铁丝长12米，它的$\frac{3}{4}$是多少米”、“养鸭场的叔叔准备用篱笆一边靠墙围一个长20米、宽10米的长方形鸭场，为节省材料，他应该把哪边靠着墙？这时篱笆长多少米?”等问题，帮助学生准确识别出不同数学思想方法的适用范围。

（三）综合应用

数学问题的解决通常是多种数学命题、原理和思想方法之间的变换重组，所以教师要关注学生的综合应用。当学习完一课时或一单元后，教师可以就其中主要的知识点、数学思想方法设置一些综合性的习题，让学生在不断地练习中体会各种解题方法的精髓，掌握住不同数学思想方法的本质。例如在学习完“万以内加减法（一）”这一单元的内容后，教师可为学生设计一些类似于“邮局、电影院和学校在同一条马路旁边，其中邮局距学校280米，电影院据学校350米，那么邮局距电影院多少米?”的问题。

对于此题的解决需要综合运用多种数学思想方法。首先是数形结合思想的应用，学生在理解题目信息时需要借助图形的支撑，通过画图学生可以找到两种解题思路；然后进行分类讨论：当电影院和邮局分别在学校两边时，可得到算式“350＋280”，当电影院和邮局在同一边时，得到算式“350－280”；最终解决问题，求得结果。事实上在整个解题过程中除了数形结合、分类思想的应用，还渗透着分析法、假设法等解决问题的方法，而这些思想和方法都需要教师加以引导，才能得到强化或延伸。

综上所述，数学是具有连贯性和整体性的科学。因此在小学数学思想方法教学中，教师要做到统筹全局，坚持关注学生主体，激发学生的学习动机，针对不同的数学思想方法灵活选择教学策略，让课堂教学过程更加丰富多元，教学效果更加显著。

第六章　基于情境模式的小学数学体验式教学方法创新研究

第一节　小学数学体验式学习概述

一、小学数学体验式学习解析

（一）小学数学体验式学习的概念

1. 体验

体验一词，在现代汉语规范词典中的解释是“亲身经历，实地领会；通过亲身实践所获得的经验”。体验是一种活动，是人们在实践中亲身经历的一种内在活动。体验也是人类的一种心理感受，是带有主观经验和感情色彩的认识，与个人的经历有着密切的关系。

体验这个词最早出现在德国文献中。狄尔泰通过反思性、通过内在存在去规定体验的概念。

从哲学角度看，体验不仅是“原始的经历”，还是被“激活了的经验”，是体验者生命意识的经验，具有主体性、创造性与过程性。

从心理学的角度看，人的生命过程是人与客观环境的交往过程。人作为认识客观环境的主体在清醒状态下对客观环境的刺激、影响，通常同时存在着两种心理活动。一种是有意识心理活动，这是主体对客观环境所意识到的心理活动，是主体对客观环境自觉认识和内部体验的统一；另一种是无意识心理活动，这是主体对客观环境意识不到的心理活动，是主体对客体环境不自觉认识和内部体验的统一，是一种非理智的、不集中的观察和思维。无特定思维目标的心理活动，通常是对某种对象不自觉地、模糊不清地认识，自发地进行内部体验。

从教育学的角度看，学生在教学过程中的体验应具有促进学生认识和情感发展的功能，即学生通过对教学情境充分地、自主地体验获得相应的认识和情感。教育学意义上的体验既是一种活动过程，又是活动的结果。作为一种活动过程，指学生亲身经历某件事并获得相应的认识与情感；作为一种活动的结果，指学生从其亲身经历中获得的认识结果和情感体验。

2. 体验学习

体验学习是人的基本的一种学习方式，它让个体在亲身经历的过程中，通过反复观察、感受、实践、探索，对情感、行为和认识的自省体察及心灵感悟，最终认识到某些能够表达出来或无法表达出来的知识、发展能力，养成某些行为习惯，形成某些观念、情感、态度乃至心理品格的过程。

我们所谓的体验学习，是强调知识与学习主体互动联系的学习，强调学生的参与性和实践性，注重学习者全过程深入地参与，突出教师与学生、学生与学生、学生与教材双向沟通，尊重个体差异，通过自身的实践活动，建构属于自己的富有个性的知识意义。它突出的不是原有知识的储存，而是强调自我的感悟与发现，是一种变书本化为个性化的学习。

3. 小学数学体验学习

小学数学体验学习，是指学生在教师的组织、引导和合作下，在一定的情境下，在特定的数学活动中，让学生有所感悟，个体经历数学知识的形成和应用过程，积累个人的经验，从而获取知识、应用知识、解决问题，达到促进学生自主发展的目的。小学数学体验学习，是在一种全新教育理念指导下，符合学生心理认知、成长规律的学习方式，它是学生获取直接经验、形成学习能力、唤起创造潜能的基本途径。

（二）小学数学体验学习的特征

体验学习是学生通过身体性的参与和经历，把个人知识、直接经验、心灵感受和学习的新知识融会贯通，从而获得独特的个人感受和见解，构建出新的知识体系的学习活动。它具备以下特征。

1. 亲历性

体验强调亲身经历，它是个体主动亲历或虚拟地亲历某件事情，并获得相应的认知和情感的直接经验的活动。数学体验学习是在教师引导下，让学生亲身经历到数学活动中，获得对数学事实和数学活动经验的理性认识及情感体验。学生在亲身经历体验学习的过程中，可以通过多种活动探究，获取数学知识，并在体验中逐步掌握数学学习的一般规律和方法。

2. 自主性

体验意味着主体觉醒、心灵唤醒，它不是一种被动行为。体验总是主体自己去体验，在体验中获得的感受和领悟，都是由主体通过自主的活动自觉产生的，体验的过程是主体获得新的自我认识自我建构的过程。体验学习是一种自主性的学习，它突出了学生的主体地位。小学数学体验学习强调学生积极主动地参与、亲历过程、自主建构知识、体验情感。在体验学习的过程中，学生学习的主动性被充分地调动起来，自主探究、操作、发现，真正成为学习过程的主体。

3. 过程性

体验学习是一种强调过程的学习方式，它是一个学习的过程，而并非一个结果。传统的学习只强调学习的结果，可我们发现，当学生在考试之后，许多知识很快就忘掉了；而那些学习的过程，探索知识的过程，他们却记忆深刻。小学数学体验学习，让学生完完全全地参与整个学习过程，让他们观察思考、动手操作、交流互动，使学生经历知识的生成过程，获得探索新知识的体验。

4. 探究性

体验学习中，知识的获取不是由教师传授或从书本上直接得到的，而是在学生亲身经历探究的过程中得到的。根据小学生的年龄特点和认知规律，他们更加乐于接受生动有趣、形象直观的知识，数学知识却比较抽象、枯燥。学生在教师组织、引导和合作下，借助体验的学习方式，有利于调动学生学习的积极性，主动参与特定的探究活动。在体验学习中，让学生经历探究知识的过程，不仅可以加深对知识的理解，还能激发学生主动学习、自主探究的意愿，使他们全身心地投入学习过程，在亲身探究过程中经历知识建构的过程。

二、小学数学体验式学习的理论基础

（一）库伯的体验学习理论

库伯教授是当代杰出的体验学习专家。他对体验学习研究的伟大贡献在于他系统研究了人类历史上各种学习理论和学习策略，创造性地提出了“体验学习圈”，它包括四个基本学习环节，即具体体验、反思观察、抽象概括和行动应用。学习是凭借知识活动的过程，知识又是通过经验转换创造得来的。知识来源于获取经验和转换经验的结合。体验学习是一个学习的过程，而不是结果；体验学习是以体验为基础的持续过程。

（二）体验学习的心理学基础

体验学习有着坚实的思想基础，勒温、皮亚杰、詹姆斯、荣格、弗莱尔、罗杰斯等人都是体验学习理论的先驱，是他们赋予了体验在人类学习和发展中的关键角色。其中，勒温与皮亚杰的思想更是库伯的体验学习理论的直接来源。总之，勒温的社会心理学理论和皮亚杰的认知发展论中有关学习与发展的独特观点成为体验学习理论中重要的思想基础。

（三）体验学习的生理学基础

脑科学的研究表明，大脑在接收信息方面依赖于它所使用的感觉种类的等级差别。第一是大脑接收信息有效的途径身临其境的体验；第二是“沉浸”体验；第三是真实的“动手”体验；第四是替代性的“动手”体验；第五是来自真实体验的影像、模型等；第六是抽象的符号。

（四）小学数学新课程标准

义务教育数学课程标准的相关要求指出，从学生已有的生活经验出发，让学生亲身经历将实际问题抽象成数学模型并进行解释与应用的过程。小学数学教学应树立以人为本的发展观，关注学生学习的环境、策略、方式、途径等。而数学是人们在对客观世界定性把握和定量刻画的基础上，形成方法和理论，进行应用的过程，这一过程充满着探索与创造。小学数学体验学习让学生学习自行获取数学知识的方法，学习主动参与数学实践的本领，使学生在体验中思考，在思考中创造，在创造中发展。

三、小学数学体验式学习的意义

小学数学体验学习是一种学习方式的变革，引起师生角色的变化，它不但有助于学生获取数学知识，掌握数学规律和学习方法，还有利于发展学生的情感态度、价值观，更重要的是在体验学习的过程中塑造学生的整体人格。

（一）学习方式的变革

传统的学习方式，是以教师为主体，整个课堂是由教师去掌控，“教师讲，学生听；教师问，学生答”，而体验学习，是一种学习方式的变革，以学生的亲身体验、自我感悟为主，使学生主动参与、自主探究，激发学生学习的主动性和积极性，使他们快乐地学习。

（二）师生角色的变化

体验学习提倡自主感悟、合作交流、探究创新，教师与学生建立了一种平等、互助、合作的关系，使原有的教师和学生的角色关系发生了改变。教师不再是课堂的领导者，而成为学生学习的引导者；教师不再是教学活动的实施者，而成为学生活动的组织者；教师不再只是知识的传授者，而成为学生探究知识的合作者。在体验学习中，学生处于主体地位，这种主体的角色体验，激发了他们浓厚的学习兴趣和高涨的活动热情，使他们真正成为课堂的主人，积极主动参与学习。

（三）塑造学生的整体人格

学生在体验中学习，知识的学习不仅包括简单认知、单纯思维的范畴，还扩展到情感、人格和生理等领域。学生全身心地投入体验学习中，学生的主体意识、行为能力、情感态度等方面都得到综合发展，塑造了学生的整体人格，培养学生知行合一的行为习惯和积极参与社会，勇于实践的态度。

小学数学体验学习的过程，不仅是一个特殊的认识过程，更是一个让学生用心去感悟的过程。小学数学体验学习可以激发学生的学习动力，同时还能让学生通过亲身实践成功解决问题，获得愉悦的情感体验，增强他们的创新意识，培养他们的实践能力，提高学生的数学素养。

第二节　小学数学体验式学习的方法

一、小学数学体验式学习的内容与形式

体验式学习是一种在全新教育理念指导下，符合学生心理认知特点和成长规律，有利于学生求知、发展能力、完善人格的一种学习方式。体验在学习中有着非常重要的作用，因此，学生的学习也应该建立在体验的基础上。在小学阶段，课堂是实施、检验、评价体验学习对小学数学学科重要作用的主要阵地，而教师则成为课堂学习中的设计者、引导者、组织者和实验者。教师要借助课堂这个教学平台，从学生已有的生活经验和知识背景出发，设计各种体验形式，努力让学生在体验生活、体验活动、体验成功等内容中实现体验学习。课堂中所呈现的体验内容

和形式是多种多样，各不相同的，因此，教师要选择恰当而有意义的体验内容，运用与之相适合的形式，让学生在亲身体验中学习知识，感受数学知识的价值，获得成功的体验。

（一）体验生活，感受数学的应用价值

数学知识源于生活，生活中又充满着数学知识，把所学的数学知识应用到生活中去，才是学习数学的最终目的。在学生的生活中已经有了许多数学知识的体验，体验学习方式可以丰富学生的生活知识体验，让他们从现实数学世界出发，形成自己的数学知识。因此，应把数学知识和学生的生活实际联系起来，让数学更贴近生活，使学生学起来亲切、自然，感受到生活中处处有数学。小学数学学习中，教师应着眼学生的生活经验，从生活实际出发，为他们提供自己熟悉的生活经验和学习情境，使他们有更多的机会从周围熟悉的事物中学习和理解数学，体会到数学就在身边；为他们创设更多观察和操作的机会，把抽象的数学知识还原成学生看得见、摸得着、听得懂的内容，让学生亲身经历将实际问题抽象成数学模型的过程，引导学生运用现有的知识经验去体验、感知、理解数学知识的真正含义。让学生在体验生活，体验学习的过程中，感受数学与生活的密切联系，同时感受到数学的应用价值，体会现实生活中处处离不开数学。

1. 创设生活情境，体验数学知识的必要性

将数学学习与生活相衔接，从生活中寻找数学素材，创设生活情境能使课堂教学更接近现实生活，让学生学习数学如身临其境。学生在生活的情境中学习数学，就会产生强烈的亲近感和认同感，切实地感受数学在生活的原型，更好地理解数学。教师可以根据教学内容设计一些模拟的生活情境，激发学生学习数学的兴趣，调动学生主动参与体验学习之中。把数学知识巧妙地结合于生活实际之中，使学生体验到现实生活中蕴含着许多的数学信息，深切感受到数学与生活的密切联系，从而更加热爱生活，更加喜爱数学。

例如，教学“认识人民币”一课中，为了让学生更好地认识不同面

值的人民币，掌握元、角之间的进率，因此在课堂中设计使学生熟悉的“超市购物”的情境，让学生亲自参与其中，根据教师设置的不同要求，体验如何正确使用人民币付款和兑换。首先，每一位学生要“数数自己的小钱包”，让他们认识不同面值的人民币；接着出示某一件商品，让学生想一想“我该如何付款”，使他们学会用不同的面值付款；其次，让学生用手中的一元钱去买1角、2角、5角的商品，如果只买一样，算一算“我能买几个商品”；最后，可以试着让学生根据商品的价格和实际付款的金额，学会找零。虽然这是一节数学课，但学生经历的过程就是他们日常生活中的一个常见情景，生活经验让他们很容易掌握了数学知识，而数学知识又更好地服务了生活，学生也懂得学好数学的必要性。

2. 解决生活问题，体验数学知识的应用性

小学数学作为一门基础性学科，有着特殊的应用价值。数学知识来源于生活，还要应用于生活。在数学教学中，要引导学生发现生活中的数学问题、亲身体验解决问题的过程，找出解决问题的办法。数学知识在实际生活中的应用，体现了数学问题生活化，将数学知识与生活问题相结合，把解决数学问题的过程转化为解决生活问题的过程。将课本中的数学知识“搬”到学生生活中，让学生在亲身体验中把抽象的数学知识形象化，学会运用数学知识分析生活现象，自主地解决生活中的实际问题，使数学知识真正为学习、生活服务。因此，教师不仅要注意从生活实际中引入数学知识，还要引导学生运用所学知识和方法解决生活中简单的实际问题。

例如，认识了长度单位“厘米”和“米”后，可以让学生亲自去测量一下身边的物体，如“黑板有多长?”“课桌有多宽?”“我的身高是多少?”学生在多次测量体验过程中，学会了熟练测量，准确读数，初步了解了常见物体的长度，同时又加深了对“厘米”和“米”的认识，知道了测量较长的物体用“米”做单位，测量较短的物体用“厘米”做单位，做到活学活用。

又如，学习了“统计”的知识，可以直接应用到班级投票选举活动、班级调查等。让学生全程体验统计的过程，明确不同的统计内容要选择不同的统计方法，知道如何选择恰当的统计图表记录统计的结果，并能从中分析出相应的问题。

还有，各种计算知识也与我们的生活密不可分。比如在学习加、减、乘、除时，可以与我们的实际生活相联系，“买几样商品，一共要花多少钱?”“姐姐比弟弟大几岁?”“运动员方队有多少人?”“一块布能做几件衣服?”让学生发现生活中的数学问题，学会利用数学知识解决生活问题，体验到数学的可用性极强，它就存在于我们的生活之中，使学生感受到数学的真谛与价值。

小学数学的许多知识与生活联系非常密切，让学生利用学到的知识去解决生活中的实际问题，可以充分调动学生学习数学知识的积极性，激发学生的探索欲望，同时使学生在体验解决问题的过程中加深对数学知识的理解和应用。

（二）体验活动，体会学习数学的乐趣

传统以被动听讲和机械练习为主的学习方式，只会让学生对原本枯燥的数学知识产生厌学情绪，无法真正理解知识，更影响了学生自身的发展。数学学习的过程应该是学生体验知识形成、获取知识、形成技能、体验成功，从而达到和谐发展的过程。应该是一个生动活泼的、主动的和富有个性的过程。在数学课堂中，教师可以创设不同的活动，让学生参与其中，亲身体验学习的过程。教师应为学生提供从事数学活动的机会，促使他们在参与和体验数学活动的过程中，真正理解和掌握基本的数学知识和数学方法。在体验数学活动的过程中，学生收获的不仅是知识，而且还感受到学习数学的乐趣，并对数学产生浓厚的兴趣。

1. 经历动手操作，享受学习数学的快乐

心理学研究证明：儿童的思维是从动手开始的，切断活动与思维的联系，思维就不能得到发展。数学知识本身是枯燥、抽象的，要使学生对数学感兴趣，透彻理解数学知识，就要让学生多动手操作，亲身感受

学习的乐趣。

例如，在学习“圆的周长”一课时，虽然很多同学都已经了解圆的周长公式是 $C=\pi d$ 或 $C=2\pi r$，但学生只是死记硬背记住了公式，并不知道圆的周长是如何测量出来的，也不能真正理解公式的含义。所以，在课堂活动中教师需要让学生准备许多物品，如圆片或圆形物体（硬币、盒子的圆盖、圆形胶带），还有直尺、绳子、剪刀等学具，让他们小组合作，动脑想办法测量圆的周长，亲自动手操作测量，最终得出结果。学生很乐于参与这样的活动，他们互相交流意见，确定测量的方法，合作完成。学生们想到了用不同的方法测量圆的周长，有的小组用绳子紧贴圆的边缘绕一圈，将绳子剪断，量出绳子的长度就是圆的周长；有的小组在刻度尺上滚动硬币，滚动一圈的长度就是这枚硬币圆周的周长。后来他们又通过计算和观察，发现圆的周长和直径之间的关系，总结出了圆的周长的计算公式。

学生在动手操作的过程中，亲身经历了知识形成过程，加深了对数学知识的理解，同时学生也在体验活动中，享受了学习数学的快乐。教师应该根据教学内容，多给学生提供动手操作的机会，这样既能帮助学生对知识加深理解，又能让他们体验到学习数学的乐趣。

2. 开展数学游戏，激发学习数学的兴趣

儿童的天性是爱玩好动，如果把游戏引入课堂中，寓教学于游戏中，把学习的过程与轻松的游戏有机地结合在一起，不仅可以使学生在轻松愉快的学习活动中掌握数学知识，还可以激发学生学习数学的兴趣。依据不同的形式，不同的内容，可以把游戏分为三个类型。

(1) 情境型游戏

情境型游戏是指创设学生熟悉的情境，让学生在一种轻松愉快的环境下亲身参与游戏中，在玩游戏的过程中获得知识、情感的体验。情境型游戏一般安排在上新课之前，作为引入的环节。如一年级“位置”这一单元的“认识上下、前后、左右”一课，课前教师可设计一个贴鼻子的游戏。学生两人为一组，一人被蒙上眼睛去贴鼻子，而另一人说话指挥同伴去完成任务。学生在指挥时会对自己的同伴说："向前5步走，好，停！往右边一步，对了，你前面就是黑板！手往上一点，再下来一小点，往左偏一点，好，就贴在这儿！"这个游戏学生在以前的生活中就玩过，教师把它引入课堂，使学生在一种轻松的状态下进入学习情境。他们在进行游戏的同时，就用到了"上下、前后、左右"这些方位词，教师也顺理成章地引出了学习的内容，学生理解起来非常容易。

（2）竞赛型游戏

竞赛型游戏是小学数学课堂中最为广泛使用的游戏类型，也是学生愿意参与的一种形式。它是指教师设置比赛的项目，让学生在参与比拼的过程中，决出优胜者。比如，数学计算课的内容是枯燥的，但设计成竞赛的形式，就可以使学生乐于参与其中。学习"9的乘法口诀"这一课时，可以设计"比一比，谁背得最快？""比一比，谁算得最快？"的比赛环节，最后还可以设计"找伙伴""邮递信件"等形式的游戏，帮助学生巩固所学知识，熟练掌握"9"的乘法口诀。竞赛型游戏可以激发学生参与意识，在比赛的过程中考查学生对知识掌握的熟练程度，比赛的结果也起到一种评价和激励的作用。

（3）操作型游戏

操作型游戏是让学生在动脑思考、动手操作的过程中，按照一定的要求和规则进行游戏。在数学课堂中，学习"空间与图形"知识时，我们通常会开展操作型游戏。比如，在认识完平面图形后，可以让学生拿出七巧板，摆出自己喜欢的图案。观察物体时，可以让学生实际站在不同的角度去观察同一件物体，"说一说在每个位置上看到的各是什么？"还可以让他们只从一个面去观察，"猜一猜这个物品可能是什么？"在玩游戏的过程中，向学生渗透了"平面与立体之间的关系"，使学生感受到数学课是生动活泼的，快乐有趣的。

让游戏走进课堂，在"玩"中学，"乐"中动，学生不仅学得主动，而且学得轻松、学得快乐，学习效果也事半功倍，学习兴趣也油然而生。

3. 深入探究过程，促进学生的自主发展

传统的学习方式中，因教师思想中受到时间和空间的制约，总是不敢放手让学生自己研究问题，而是将书本的知识和结论直接告诉学生，学生体验不到自己研究问题的过程，自身能力得不到发展，更无法体会获得知识的快乐和成就感。实际上，每个学生都有主动学习的需要和强烈的探究愿望，所以教师应该多为他们提供体验探究的机会。与传统接受式学习有所不同，在体验式学习过程中，教师不会直接告诉学生问题的答案，也不会提供解决问题的方案，而是通过创设活动，激励学生自己去寻找答案，把学习的主动权交给学生，为他们营造一个独立探究的空间，使不同性格的学生得到不同的发展。

数学学习中不应把数学知识作为提前准备好的方式直接教给学生，而应该让学生通过自己的方式去理解、去掌握知识，不要让数学教材中的内容成为问题的正确答案，书中所给出的解题步骤就是唯一的解决办法，而要为学生创设更多的思考、探究、实践的时间和空间，允许他们按照自己的方式去建构数学知识的意义。例如，在学习《平行四边形的面积》一课时，教师可放手让学生去做，让他们自己想办法去解决问题。教师引导学生能不能把平行四边形转化成以前学过的图形来求它的面积呢？学生想到以前只学过求长方形的面积，所以他们试着把平行四边形变成了长方形，再根据长方形的面积推导出平行四边形的面积。学生一边思考方法，一边利用手中学具去探究。他们通过剪一剪、拼一拼、说一说的探究活动，把一个平行四边形转化成一个长方形，并找到它们之间的联系，最终归纳、总结、推导出平行四边形的面积公式。在这个探究过程中，教师没有告诉学生“你该怎么做”，而完全是让他们思考“我该如何做?”学生在亲身经历探究，构建新知识的过程中，不仅真正学懂了知识，而且培养了他们的观察、动手和探究能力。

在数学课堂上，教师应成为引导者、组织者，留给学生更多体验、探究的时间和空间。教师需要站在发展学生思维的高度，创造条件让学生自己去研究、发现，使学生在课堂实践中有充分的时间并用自己的方法来体会和掌握学习内容，在自主探究中建构知识，在亲身实践和体验中促进自身发展。在教学中为学生创设一定的情境，给予学生自主探究的机会，让他们通过自主发现、独立思考、亲身实践、研究解决等一系列体验活动，在深入探究的过程中理解知识，同时养成了动手实践的良好习惯，形成主动探究的意识。

（三）体验成功，增强学好数学的自信心

小学数学课堂中为学生创设体验成功的机会，这样可以提高他们学习的积极性，真正发挥他们的主体作用，使其潜能得到充分发挥，并积极地争取成功、体验成功。学生在体验成功的过程中，知识得以掌握，技能得以形成，同时体验到学习的快乐，增强学好数学的自信心。

要给学生提供“人人成功”的机会，首先要面向全体学生，让每一个学生都有机会去获得成功。在课堂中，教师应发挥其主导作用，设置的问题或任务争取让每一个学生都能尝试完成。数学问题通常可以用不同的方法加以解决，多创造一些合作交流的机会，可以使每个学生都有机会发表自己的看法，同时又能分享别人的意见，在合作的过程中使每个人都体现自身的价值，最终达成集体成功的体验。

体验学习过程中，首先要让学生感受到学科价值，所以体验生活是核心内容。在生活体验中，让学生感受到生活中处处有数学，处处用数学，体会到用数学知识解决生活问题带来的愉悦和成功；其次，让学生参与学习的过程，所以体验活动是重要内容。在体验活动中，有助于调动学生的学习兴趣，培养他们的动手操作能力，拓展他们的思维空间，形成自主探究的意识；最后，要关注学生的情感，所以体验成功是升华内容。在成功体验中，可以激发学生的学习热情，让他们感受到学习的快乐，帮助他们树立自信心。

二、小学数学体验式学习过程的阶段重点

数学知识来源于生活，而现实的生活世界是直观的、具体的，也是丰富多彩的。学生可以通过真实的生活世界去感受、体验、领悟学习数

学知识。所以，小学数学的体验学习并不仅仅局限于课堂，可以依据学习的时间段将它分为课前体验、课中体验和课后体验。真正的体验学习应该是融入学生的学习生活，可以在课前体验——了解感知，也可以在课中体验——理解感悟，还可以在课后体验——拓展应用。这三个阶段既相辅相成，又可以组成一个完整的体验学习过程；同时，它们又各自独立，单独开展也可以达到体验的目的。根据小学数学体验学习过程的三个阶段的特点，可以制定出每一个阶段的重点，使其三者有效结合，层次分明。

（一）课前体验——了解感知

课堂上的时间毕竟是有限的，对于一些与生活联系密切，或者理解起来比较抽象的数学知识，仅仅依靠课堂上那一点时间去学习掌握，会显得时间匆忙，理解也不够透彻。而课前这一大段时间，却可以被有效利用起来，让学生利用课前充足的时间去了解感知即将要学习的内容，为课堂中的学习打下基础。因此，教师可以选择学习内容，在课前设计恰当的体验任务，为课上的学习做准备。课前体验给学生提供了足够的时间和空间，同时可以联系实际生活，使学生对所学内容进行初步了解和感知。课前体验的形式有很多，如搜集信息、准备物品、调查情况、动手操作等。

（二）课中体验——理解感悟

小学数学体验学习以课堂中的体验为主，大多数的体验活动都集中在课堂这段时间。虽然课堂的时间只有40分钟，但是课堂中的每一个教学环节都是由教师精心设计的，学生可以在教师引导和帮助下，快速进入体验角色，在和同学的合作与交流中，充分进行体验活动。课堂中，学生在联系生活中体验，在合作交流中体验，在实践操作中体验，亲身经历知识的生成过程，加深对知识的理解和感悟，在体验过程中学懂知识，获得成功的体验。在数学课中，可以设计各种体验方式，让学生深化对知识的理解，感悟数学的真谛。

（三）课后体验——拓展应用

在平时的数学课堂上，学生学到的一些知识仅仅是停留在课本上、记忆中的死知识，而只有把从课堂上学到的数学知识运用到生活中去，解决实际问题，才是学习数学的最终目的。学生在课堂中由于受到环境和时间的限制，还无法消化理解全部知识，而将其真正拓展应用到生活中，还要在课后体验中去完成。课后体验可以结合数学课堂中的内容，联系生活实际，设计学生乐于参与的活动形式，如实践体验活动、图表绘制作业、制作欣赏性作品、动手操作体验等，让学生真正将知识拓展应用到生活中。

例如，学过百分数这一部分知识后，可以在周末设计一个“理财小管家”的活动。让学生亲自到商场去找一找折扣，算一算商品打折后的价格是多少？便宜了多少？同时可以比较一下不同商场的促销活动，如“全场八折”“满 100 送 20”“满 300 省 50”的活动，哪一种更合适？还可以真正到银行体验存钱的过程，根据利率算一算到期后能得到多少利息。

又如，学习过统计的内容，就可以布置一项统计任务，让学生将所学知识应用到实际生活中。如学习“折线统计图”一课后，可以让学生记录一周的气温情况，并加以分析，还可以与往年同期气温进行对比；如学习《扇形统计图》一课后，可以让学生把休息日这一天的时间分配情况制成扇形统计图，并评价一下自己的时间安排是否合理，应该怎样调整。

利用课后时间设计适当的体验活动，可以激发学生自觉地应用所学知识解决生活中的相关问题，将书本上有限的知识拓展，真正达到学以致用，学用结合。

小学数学体验学习过程中，学生的课前体验有些来自生活经验，有些简单易行学生可以独立完成，充分的课前体验可以使学生对即将学习的新知识有一定初步了解和感知；课堂中的体验，大多是由教师创设的情境，调动学生主动参与或者由教师设置某个数学问题引导学生自主探究，学生在教师指导下，在与同学的合作中，可以更加深入体验，加深了对知识理解和感悟；课后的体验，给学生提供了更自由的体验时间，使学生拥有了更广阔的实践天地，他们可以将知识运用于现实生活中，解决实际存在的问题，真正达到了拓展应用的目的，让生活更有数学味道，让数学更有生活价值。

三、小学数学体验式学习应注意的问题

在体验学习开展的过程中，通常会显现出一些问题，如注重体验的形式，却不了解体验的目的；提供体验的机会，却不经历体验的过程；只有体验的意识，却没有体验的活动，这些都影响了体验学习的效果，并没有将体验学习真正落到实处。

（一）避免情境设置不当

在数学体验学习过程中，有时教师为了让学生的学习内容更加生活化，为了使学生能自主地探究或解决问题，教师通常会设置情境，激发学生的好奇心和求知欲，引导学生进入最佳的学习状态。但并不是所有的情境都是有效的，个别情境存在低效、无效的现象，有的情境过分追求生活化，有的情境过多地依赖信息技术演示，这样的情境不但不会促进学生的学习，反而影响教学效率。只有现实的、完整的、富有教学意义的情境才能真正成为学生体验学习的前提。

（二）避免合作流于形式

合作交流是体验学习的重要方式之一，是学生非常喜欢的一种学习形式。在数学学习的过程中，学生通过与小组成员一起观察、实验、探究和交流等数学活动，让学生收获了与同伴合作解决问题的体验，分享了成功的快乐和喜悦。

1. 合作交流的内容要恰当

合作交流的形式虽好，但并不适合所有的数学学习内容。比如在学

习笔算乘法时，整式的计算有固定的书写格式和计算方法，如果非要让学生假装合作交流找到计算方法，反倒是画蛇添足了。小学数学的学习内容中，有些方法是固定的，有些是浅而易懂的，就没必要再用合作的方式去进行体验。

2. 合作交流的时间要充分

教师为学生提供自主探索和合作交流的机会，使他们在这个过程中能够更好地理解和掌握数学知识，形成技能，获得数学体验。为了保证学生有独立思考的时间和互相交流探讨的过程，教师要留给学生充分的时间。如果交流的时间太短，学生的交流还未展开就草草收场，就无法引起争论，学生对问题的认识就不能达到应有的广度和深度。如果教师为追赶教学进度而缩短交流时间，不但会给学生留下遗憾，更重要的是可能会浇灭学生的学习热情。

3. 合作交流要全体参与

合作交流是建立在学生个体合作的基础之上，当学生自己解决某个问题遇到困难时，可以通过合作交流的方式，让学生互相表达自己对问题的看法，同时学习别人的方法和思想，从而学会从不同的角度、用不同的方式解决数学问题，充分发挥他们的主体作用，让他们集思广益，共同解决问题。所以，合作交流时要让学生全体参与，教师扮演好参与者、引导者、合作者的角色。

（三）避免体验方式单一

体验学习以其日益凸显的适应素质教育的学习方式受到越来越多的关注，但在许多教师的眼中，认为体验学习就是让学生实践操作，合作交流，自主探索知识，所以设计的体验方式大多是动手操作。实际上，数学课程中有很多不同的体验学习方式，除了我们比较熟悉的情境体验、操作体验、成功体验外，还有感触体验、想象体验、猜测体验、审美体验、挫折体验等，它们可以带给学生不同的体验感受。

比如，在“轴对称图形”一课的教学过程中，教师设计多种动手操作活动，让学生亲自折一折，剪一剪，画一画，感知轴对称图形的特点。在操作体验的过程中，还可以同时开展猜测、想象、审美等体验活动。先出示各种图案，让学生猜测它们是否是轴对称图形？再让学生将手中的图形对折，如果图形左右两边完全重合，就是轴对称图形。然后出示轴对称图形的一半，让学生去猜测和想象完整的轴对称图形是什么样的。接下来，让学生根据轴对称图形的特点，试着去剪出轴对称图形，动笔画出轴对称图形的另一半。还可以展示生活中的轴对称图案，让学生在欣赏的同时，体验和感受对称之美。学生在各种体验形式中既加深了对轴对称知识的理解，又体验到了学习数学的乐趣。

总之，体验学习的方式多种多样，关键是教师要根据教材内容，选择适当的方法和切入点，创设恰当的体验学习情境，让学生在自主和谐的学习活动中体验、感悟和认知，既保证体验学习的时效性，又保持体验学习的多样性。

（四）避免教师过多干预

当教师主体地位明显时，学生就无法真正掌握学习的主动权，不可能达到真正的体验学习。教学过程中学生是教学的对象、教师施教的客体，但他们绝不是消极被动的承受者。体验学习强调学生的亲身经历，在学生获得知识、发展能力的活动中，应把学生放在主体的位置。对教师来说，应充分发挥学生在学习中的主体作用，转变观念，摆正自己的位置，注重自身角色的转变。

体验学习是一种基本的学习方式，它具备众多的优点，但它并不是唯一的。在小学数学学习中，不是所有的内容都必须用到体验学习，也不是所有的情况体验学习都是最优化的选择。学生不同、教师不同、教学条件不同、教学内容不同，决定学习方式也不同。所以，体验学习并不是唯一的学习方式。虽然，体验学习受到越来越多的关注，也得到许多教师的推崇，但由于在实施过程中，还受到一些因素的限制和影响，它还有待在实践中进一步发展和完善。

第三节 基于情境模式的小学数学体验式教学研究

一、数学课堂教学中体验式学习的内涵和意义

教学是学生生活的主要时空。教学目标确定、师生关系构建、教学方法和组织形式设计，都与学生发展具有内在联系。《义务教育数学课程标准》指出：要创设与学生生活环境、知识背景密切相关的，又是学生感兴趣的学习情境，让学生在观察、猜测、交流、反思等活动中逐步体会数学知识的产生、形成与发展的过程，获得积极的情感体验，感受数学的力量。不难看出这段话的核心是要让学生实现数学学习的亲历性，使数学学习成为学生智能成长的过程。学生经历探索知识发展思维、培养能力的过程，经历学习体验，是新课程标准中的一个新理念。因此，增强对数学学习的体验应成为教学改革的重要着力点。笔者认为，小学数学体验式教学就是指学生在实际的课堂教学中，通过教师创设的各种教学情境，去感受、去探索、去应用，从而发现知识、理解知识、掌握知识，解决问题的学习活动。对该课题的探索，是基于改变学生的学习方式，通过自主性、探究性的学习和亲身实践，获取多种直接经验，掌握基本的学习方法，培养学生的能力。这里以具体的教学内容“圆的认识”为媒介，阐述这一教学模式的流程。

二、实践案例

（一）创设情境，引导感知

为激发学生对体验活动的积极性，引发其体验的愿望和需求，教师

就要创设一种情景，并让他们很快进入这种情景，去感受、去体验、去探索。建构主义十分强调学习环境的设计，认为学习必须在一定的情境中进行，在一定的活动中进行。教师应从学生的角度出发，根据学生的需要，为学生提供必要的信息。材料的选择和设计要迎合学生的口味，能激起学生学习的需要和兴趣，便于学生探索发现。操作策略有以下几点。

1. 创设问题情境

“学起于思，思源于疑。”因此，教师应根据教学内容，巧妙设疑，激发学生的探索兴趣。

2. 创设生活情境

数学知识源于生活，数学知识与生活相结合，从中抽象出数学问题，解决问题，再应用到生活中使之构建一个完整的体系。

3. 创设操作情境

操作—思维是一对链环，操作是前导，思维是关键。思维活动能促进学生外部操作活动的内化，由动作思维过渡到具体形象思维，再转化为抽象逻辑思维。在教学中，教师要有意识地创设一个探索、思维的环境，通过使用学具，使每一个学生都参与探索新知识的活动中，让学生在活动中发现问题，提出问题和解决问题。

在“圆的认识”这节课中，先根据学生已有的知识水平和生活经验进行尝试性学习。课堂之初设计了“寻宝游戏”，隐含圆的特征在实际生活中的应用，不突出讲解，旨在感受，初步体会圆的特点。学生“各有想法”，不同层次的学生都“有话可说”，在课末回应该游戏，学生再次反思，加深了学生对于圆的特征的理解。

（二）问题引导，启发诱导

体验式学习的关键是把数学知识的学习转化为对数学问题的探究。问题在探究学习中是重要的载体，它既是思维的起点，又是思维的动力。在“圆的认识”这节课中，问题贯穿始终，如“生活中，你们在哪些地方见过圆呢?”把孩子的思绪拉到生活中，主动去寻找生活中的圆。在交流画圆的画法时，教师提问：“请边画边想圆规画圆的步骤是什么?”“你觉得用圆规画圆时应注意什么?”无形之中把思维的主动权交还给学生并能主动参与学习中。

（三）实践体验，多向互动

学生是学习活动的主人，独立探索能力的培养是合作的基础。在该阶段教师应营造探究的氛围，相信学生，给他们充分地自主发现的时间和空间。指导学生如何进行探究，并明确应达到怎样的目标与要求。学生归纳自己的意见，整理未解决的问题，以便小组内交流解决。在教学中，放手让学生进行尝试，经历和体验解决问题的过程，并让学生在独立解答的基础上进行交流。操作策略有：一是教师要提供便于学生探究的学习材料；二是制定研究方案；三是合作探索。

1. 活动方式一——自主探究，设疑质疑

学生明确自主画圆的任务后，进入探究阶段。在开放性创造活动中，不拘泥方式，自我选择，多思考，多分享。在“圆的认识”这节课中，教师安排了两次自主探究活动。第一次是探究圆的画法，学生通过思考，发现可以利用生活中的物体画圆，抑或是借助专门的工具画圆。第二次是借助圆规画圆的步骤及注意事项，给予学生充分的时间，进行观察、操作等活动，探究发现隐藏在问题中的规律和结论。

2. 活动方式二——小组合作，答疑解惑

通过小组合作、交流，将个人独立思考的成果转化为全组、全班共有的认知成果，培养学生的群体意识及合作能力。“圆的认识”一节课中让学生围绕探究问题，小组合作研究半径、直径的特征及二者关系等圆的特征。

（四）交流反馈，汇集资源

交流是促进学生内部心理变化的深层次学习活动。不仅对认知学习

具有促进作用，更重要的是对发展学生的创新思维和创新个性具有独特的作用。教师要鼓励学生大胆交流探究所得和体会，同时抓住有用的信息，及时调整自己的教学。操作的策略有以下几点。

1. 交流探究所得

教师要及时引导学生把这些结论用语言准确表达出来。

2. 仔细聆听，相互补充

教师应重点指导学生在交流过程中善于倾听别人或其他组的意见。如和自己的发现差不多的，应听一听哪些是不一样的，及时补充。如和自己的发现完全不一样的，应鼓励学生大胆发表自己的意见。

3. 指导评价

适时、必要评价的同时，教师还应指导学生与学生之间相互评价。问题的结果、一个算式、操作的过程、上课的表现等，都可以作为评价的内容，要引导学生做出合理公正的评价。在评价过程中，教师要鼓励学生充分发表意见，相互补充，启发学生积极动脑。"圆的认识"这节课在全班交流圆的特点环节时，学生验证的方法有很多，当一组表明自己的观点：我是利用量一量的方法来验证半径的长度相等时，别的小组给予补充，还可以利用折一折或旋转等方法来验证。每个学生、每个小组都愿意并敢于表达自己的见解，学生在交流的过程中，不仅学会有条理地表达自己的观点，还学会认真聆听、互相评价与赞赏，反思自己和他人的看法，接纳正确的观点。

学生在认识圆心、圆的半径和直径后，通过画一画、量一量、比一比，激起冲突问题，尊重求异思维，深化圆的特点。每个学生都成为学习的主人，为独特见解而思考，通过思维碰撞提高学生自评和他评能力。

4. 总结收获，体验升华

教师要指导学生将所学的知识运用到实际的解决问题的活动中。在练习的设计上，兼顾了习题的层次性、针对性和开放性，力求激发学生主动参与练习的兴趣。大胆引进开放题，沟通知识之间的联系，同时培养学生的思维能力。操作的策略有以下几个方面。

(1) 对知识进行及时小结

引导学生及时回顾总结自己的学习过程，小结收获与疑惑，并不断调整学法，有利于学生终身学习的需要。

(2) 练习要体现学以致用的原则

课堂中的练习作为一种整理、强化、运用知识的方法，应多联系学生生活实际，体现学以致用的原则，注意知识的迁移，不只局限多做几道习题等形式。

(3) 练习要体现层次性

反馈练习能体现学生的学习效果，是学习者对学习效果进行自我评价的依据，也是教师了解学生学习效果并采取相应矫正措施的依据，本身就要有层次性。

在“圆的认识”这节课中，第一次的习题出现在半径、直径的教学之后。教师面对全体学生紧跟着安排了相应的习题，学生在做题的过程中巩固新知识。第二次习题教学出现在谈收获之后，教师精心设计更有层次的问题，可以使学生对于直径与半径的关系产生更深刻的理解。

设计具有拓展性、开放性、探究性的练习及课后实践活动，让每个学生都成为探索者、创造者，发展创新思维。在“圆的认识”这节课的最后，教师让学生从数学的角度去解释为什么在制作陀螺时，要把小棒穿过圆心。学生通过操作、思考后表明这样才能保证陀螺的平衡。并拓展引申，提出了生活中比如不倒翁的原理、雨伞的制作、围成圆形进行套圈游戏等现象都利用了圆的特征。这些开放性的练习、探究性的问题使学生在问题驱动下，对提供的各种信息，进行观察、分析操作，展开了自主性、探索性的学习活动，并在充分的交流、相互的补充中完善了解决问题的方法，提高了原有的认识。

第七章　基于信息技术的小学数学教学方法创新研究

第一节　多媒体技术在小学数学教学中的应用创新

一、运用多媒体技术创设情境，激发学生学习兴趣

兴趣是最好的老师，是开启智慧的钥匙，是集中注意力的重要因素，是学生主动获取知识的内驱力，“没有求知欲的学习，就像没有翅膀的鸟儿”。而求知欲的激发主要源于教师的教导。因此，在教学中根据学生的心理特点和认知水平，适当、适时和灵活地利用多媒体技术，把电视所具有的视、听合一功能与计算机的交互功能结合在一起，根据教学内容，自制一种贴近学生生活的、学生喜闻乐见的、图文并茂的、富有启发性的多媒体课件，创设生动有趣的情境，为学生提供多种感官的刺激，以形式多样的信息吸引学生注意力，把学生带进与教学相关的气氛中，最大限度地激发其浓厚的学习兴趣、强烈的学习欲望，唤起其高涨的学习情绪，变“要我学”为“我要学”，从而积极、主动地参与学习中，成为学习的主体。

二、运用多媒体技术有效地突破重点、难点

每个人都有这样的体会：要记牢定理、概念、公式等抽象事物，通常必须建立在理解的基础上。学生也不例外，他们必须将事理的由来弄明白了才可能记牢，才可能灵活自如地运用。小学生的形象思维占主

导，对运动变化的东西和新鲜有趣的事物易引起注意。在教学中，对于有些抽象的教学内容，教师很难用语言将其生动、形象地呈现给学生，运用挂图、板书以及传统的电教手段解决这些难点，也存在一定的局限性。而多媒体技术的优势在于既能提供大量直观的运动图像，又能随着图像的运动根据教学的需要做简要说明，图文并茂就比较容易突破传统教学中的这些难点，根据这一优势，充分利用多媒体技术，自制与教学内容相符的课件，利用其动态演示功能，使知识的形成过程形象、生动、直观地呈现在学生的视线之内，在关键处加入适当的声音、音乐，强有力地吸引了学生注意，使教学中的重点、难点变得形象化、直观化、具体化、简单化，从而有效地突破教学重点、化解难点。

例如，在对比平面图形的周长和面积的概念时，利用多媒体技术自制课件，利用其动态演示功能，通过逐一用线段围出学过的平面图形，并闪烁其边，学生很容易就总结出周长的概念；通过反相闪烁平面图形的面，总结出面积的概念。可不要小看了这看似简单的两项操作，它既形象又直观，有效地刺激学生的感官，使学生一想到刚才的演示，就能很容易地区分周长与面积的不同，有效地强化了记忆。

三、运用多媒体技术及时反馈教学信息，提高练习效率

教学活动是一项复杂的信息交流活动，教育心理学告诉我们：让学生及时了解自己的学习结果，会产生相当大的激励作用。也就是说，信息反馈越及时，越有利于学习。因此，在教学中借助多媒体技术，根据教学需要，设计相应的达标练习。对习题中容易混淆的概念、具有代表性的题目、难于理解的题目等，还应设计出对比内容、详细演示过程等，在学生练习之后，通过多媒体课件的交互功能，将正确答案、演示过程等以最快的速度、最清晰的方式呈现在学生面前，在教师点拨下，大家畅所欲言，加以分析、比较；对重点、难点问题还可以重复再现；将比较好的解题思路过程展示出来，让学生知道自己学习的结果，从中看到自己的进步，体验成功的喜悦，增强自信心。同时在反馈中也可看

到自己的不足，激起上进心。

例如，利用多媒体技术将传统的判断、选择题设计成抢答题、必答题等，保持学生学习的积极性，培养学生的团结协作能力和竞争意识。利用多媒体的友好界面逐一出示答题，学生发挥团队力量，逐一回答。当学生回答正确时，教师点按鼠标，计算机会马上予以正确评价“你真棒”并及时显示答案，给学生完整的第一印象，学生看了、听了自然高兴，兴趣盎然。如果学生回答错了，计算机会发出提示音“再想想”，鼓励学生静心思考。若有困难，教师还可借助课件及时点拨，帮助学生厘清思路，使学生知其然，又知其所以然，在紧张、激烈、有趣的活动中，既让学生学到了知识，又培养了能力。

第二节　信息技术与小学数学教学的有机融合

一、信息技术与数学教师教学理念的有机融合

新的教学理念要求教师不断学习新的教育理论和信息技术，自觉进行角色转变，从传统的教学理念中解脱出来，不断提高现代教育技术能力。同时，信息技术为学生的自主探究、协作学习搭建了优越的平台，教师要引导和帮助学生将信息技术作为自主学习的认知工具，对学生辅导介入要适度，要适时调控，既帮助学生克服学习中的困难，又留给他们主动发展的空间，使每个学生都能达到预期的学习目标。

比如在教学“千米的认识”一课时，教师可结合课件演示认识“千米”。利用计算机多媒体创设动静结合的教学图像和生动活泼的教学气氛，把教学时运用挂图或板书难讲解清楚的知识，在形象生动的画面、声像同步的情境、悦耳动听的音乐、及时有效的反馈中，进一步加强达到事半功倍的效果。

二、信息技术与抽象数学知识的有机融合

小学生生活知识面窄，抽象思维能力较弱，而小学数学学科的特点是抽象、概括。小学生的年龄特点是容易接受直观形象的事物，因此，合理恰当地运用多媒体辅助教学，可以有效地避免厌学情绪，减轻学生过重的学习负担，使学生始终保持兴奋、愉悦、渴求知识的心理状态。这对于优化小学数学课堂教学起着重要的作用。小学生由于受年龄特征和生活实践的制约，对一些数学概念无法通过文字来有效理解，利用多媒体为学生铺路搭桥，逐步降低思维难度，达到理解概念的目的。

比如在教学“时、分、秒”一课时，教师可事先制作一个大钟表，上面大格和小格都显示得很清楚，点一下“运行”，时针、分针和秒针同时走动，点一下“暂停”，可让学生读出钟表上的时间，也可拖动秒针或分针自动转动，使学生明白秒针走一圈，分针走一小格，分针走一圈，时针走一小格，生动形象地使学生对时、分、秒有了深刻的认识。

三、信息技术与激发学生兴趣的有机融合

兴趣是最好的老师，有良好的兴趣就有良好的学习动机。只有学生对学习产生了兴趣，他的学习才会有动力、才会全神贯注，行动才是积极的，思维、观察、想象等多种智力活动才是主动的、有效的。只有将数学学科教学和信息技术教学在很大程度上得到整合，才能激发学生求知欲，发挥其积极性，利用趣味性去点燃学生求知的欲望，激发学生学习兴趣，使他们进入一种好奇、渴盼的境界，在兴趣上去深化他们的创新意识。

通过生动活泼的多媒体课件，联系学生生活实际，大大激发了学生的学习兴趣，引起学生对新知识的探究欲望，把学生带入广阔的数学天地。学生很快就开始思考解决问题的方法，有的同学利用学过的小数来比较，有的同学利用分数来比较，还有的同学利用百分数来比较，这样

不用教师去讲解，学生自己就已经实现了百分数、分数和小数的互相转化，从而总结出转化的方法。让学生充分享受学习的过程，激发了学生的创造性思维，提高了学生的学习积极性。

四、信息技术与学生的认知规律的有机融合

将网络资源运用于数学课的教学之中。学生是学习的主体，一切要以学生为中心，学生的计算机操作能力，对网络资源的了解和运用，决定着专业实践能力水平的高低。因此，在进行教学设计时，必须充分考虑学生的实际情况，以适合、适度、有效为原则，遵循学科学习的规律来选择相应的信息资料，利用网络平等的对话环境，运用适合的形式，有效有益地引导学生进行探究性学习。同时，还要给予学生适度的、有针对性的评价，不仅要评价学生对知识的获取过程和学习的方式方法，更要通过评价引发新的学习内容，鼓励学生深入地学习和思考。

比如在教学“三角形的面积”一课时，针对学生计算机操作水平的情况，教师可将操作过程主动交给学生，让学生充分动脑思考，动手操作，结果学生通过小组讨论与合作，竟研究出了多种不同的求三角形面积的计算方法。

总之，教师应不断更新教学理念，逐渐增强现代教育技术能力，并把现代信息技术与数学课堂教学结合起来，这样教学质量定会上升。

第三节　交互式电子白板在小学数学教学中的应用

近年来，交互式电子白板作为强大的高科技教学工具已走进了小学数学课堂，一定形式上改变了传统课堂的教学模式，改变了学生的学习方式，激发了学生的学习兴趣。交互式电子白板将以前传统的黑板、粉笔、黑板擦与后期出现的投影仪、实物展示台、计算机、网络资源等兼容一体，给师生创造了一个崭新的互动平台，创设了一个在课堂上教师、学生、教材直接对话的氛围，而教师—学生、学生—白板、教

师—白板的交互学习模式，真正实现了师生互动学习，在丰富的学习资源中，激发了学生的兴趣。

一、电子白板情境导入，激发学生好奇心理

以罗杰斯为代表的人本主义心理学家强调动机、情感与认知相互作用的“热认知”思潮，把儿童的好奇心作为学生学习中的主要情绪与动机。儿童在其好奇心的驱使下表现出来观察、提问、操作、选择性坚持、积极情绪等有助于学习活动的有效进行。利用电子白板功能可以营造一个音、形、色俱全的课堂导入氛围，刺激学生的各种感官，激发学生的好奇心，调动其探究的欲望。

二、电子白板优化课堂，帮助学生突破难点

传统课堂教学利用课前精心制作的PPT、Flash等课件上课，教师要在黑板、计算机、投影仪三者间来回穿梭于固定的程序，不仅浪费了时间，也扰乱了教师的上课程序，还影响了学生的注意力。而交互式电子白板中的软件平台，不仅提供师生与白板、计算机、投影仪等之间的信息交互，而且还自带容量较大的各学科基本素材库和资源制作工具，是一个兼容各种操作的智能平台。课堂上教师可以在白板上随意调用各种素材或教学软件，只需在白板上点、书、拖，就可一步到位，为学生提供一目了然的动态、静态等课件资源，让学生从精彩纷呈的课堂氛围中获得一定的思考空间，也给教师提供了一个根据课堂临时需要自主选择课程资源的空间，这样的常态化课堂教学更形象、生动、快捷，便于学生积极思考并主动参与教学活动中，这样既有利于学生对知识难点的突破，也能促进教师迅速掌握专业化知识。

三、电子白板形象演绎，营造学生思维空间

小学时期正是学生由形象思维向抽象逻辑思维过渡的阶段，由观察

到质疑到思考，从而达到“思而知之”。对于“比例尺”这种比较抽象的数学知识，我们就可以借助电子白板的直观形象演绎，在贴近生活、接近学生认知的直观操作过程中，让学生在丰富的感知中去观察、探索、发现数学知识，并且这种贴近生活的教学资源，也易于培养学生独立思考、合作交流、反思质疑的学习习惯。

四、电子白板强化训练，提高学生学习效率

减轻学生过重的课业负担是中小学教学的当务之急，但训练，特别是强化训练也是当前提高教学质量的一条有效途径，学生只有亲身体验了数学活动的过程才能对数学知识得到认识，产生情感，从而在大脑中完成“感”“储”“想”“判”“断”“象”“存”“受”的全过程。利用电子白板的强大教学辅助功能如测绘、照相、录制、板书等，增强了课堂的互动效果，使课堂练习不仅生动有趣，让学生在训练中体会到成功的感受，培养了学生的学习激情，也加深了学生对数学知识的理解。

五、电子白板搭建平台，拓展学生课外活动

在数学课堂有限的时间和空间里，学生不可能都有机会动手进行操作实践，而课外拓展则有着无限的时间和空间，让每个学生都有机会把课堂上学到的知识运用于生活实践中进行再创造，在贴近生活的活动中进行观察、实验、猜测、验证、推理与交流，这样的过程有利于激发学生兴趣，调动积极性，引发学生的数学思考，激发学生的创造性思维，最大限度地让学生得到良好的数学教育。利用电子白板的演绎功能，不仅可以丰富学生的数学课外活动，拓展学习资源，还能方便、快捷且时尚地对活动进行反馈。

第四节 电教媒体在小学数学新课教学中的应用

一、承上启下，抛砖引玉

采用温故而知新的方法，在多媒体的设计上要找准新、旧知识的联结点，并根据实际情况采用不同的方式。

第一种是对比式。如一位教师在教学“有余数的除法”时，课件首先出示：在豆豆王国里生长着一种神奇的豆豆树，豆豆树上长着许多智慧豆，听说如果谁得到5粒智慧豆就会前途无量，可这豆豆只有圣诞老人才能采摘。每年圣诞节的前一天夜里，圣诞老人都会到各家各户去给小朋友送礼物，圣诞老人为了达成小朋友们的心愿，这一夜，他采了15粒智慧豆，来到了一个小村子里，将智慧豆送给了小朋友，请同学们算一算，圣诞老人送给了几个小朋友？然后再出示：这一夜，圣诞老人只采了23粒智慧豆，来到了一个小村子里，正要送给小朋友的时候，他想：“我只带了23粒智慧豆，每个小朋友送5粒，最多可以送给几个小朋友呢？”同学们，你们能帮他列算式算一算吗？最后，让学生思考这些问题：什么变了？什么没有变？剩下的数叫什么数？通过观察比较，学生理解了正好送完的叫“整数除法”，不能正好送完的叫“有余数除法”，剩下不能送的数叫“余数”。这样既温习了旧知识，又掌握了新知识，同时有助于学生形成良好的认知结构，对知识的掌握也较为深刻。第二种是联想式。如一位教师在教学“环形面积的计算”时，课堂开始时多媒体出示“五环旗”。

师：看这幅图，你们想到了什么？中国第一次参加奥运会的时间是什么时候？举办城市在哪里？这次成功申办奥运会，是全国人民的光荣，我们要热爱祖国、热爱运动，积极参加体育锻炼。

让学生观察“五环旗”，抽象出一大一小的同心圆（大圆即外圆，小圆即内圆）。引导学生知道什么是“环形”，即夹住的部分，继而给出大圆和小圆的半径，让学生计算出两个圆的面积，然后启发学生思考：圆的面积和环形面积有什么联系？能从两个圆的面积得出环形的面积计算公式吗？最后通过形象直观的课件演示，学生理解了环形面积的计算方法是用大（外）圆的面积减去小（内）圆的面积，从而实现了知识和方法的“迁移”，使学生学得积极主动、轻松扎实。

二、巧用课件，激发兴趣

兴趣，是一种带有感情色彩的认识倾向，它是学生学习中最活跃的因素。因此，在教学中选择学生喜爱的童话故事或小成语故事进行开端教学，能收到事半功倍的效果。

比如在教学“统计”一课时，创设这样的情境：“同学们，你们知道灰姑娘的故事吗？那你们喜欢她吗？为什么会喜欢她呢?”这样开始，一下子就把学生的兴趣提起来了，大家踊跃发言，争着说出对灰姑娘的喜爱。接着教师又说：“那你们想灰姑娘去参加王子的宴会吗？可是凶狠的后母一定要灰姑娘把地上混杂的各种豆子分开，并数得清清楚楚才能去，同学们能帮她来分一分吗?”然后教师把混杂的豆子图用电脑演示出来，同学们兴趣很浓，这样就很自然地引入新课的教学上。

如此设计一方面能使学生在轻松愉快的情境中掌握了书本知识，学得积极、主动；另一方面又培养了学生的口头表达能力和动手能力。

三、设疑激趣，启发思维

数学的根源在于普通常识。对小学生来说，小学数学知识并不都是新知识，在一定程度上是一种旧知识，小学生的数学学习离不开现实生活经验。因此，教师在教学时要紧密联系学生的生活实际，从学生的生活经验和已有知识出发，创设生动有趣的情境，激发学生对学习数学的兴趣以及学好数学的愿望。

四、设置悬念，引导探究

悬念能激起学生探索、追求的浓厚兴趣。这是教师常用的设计导入新课的一种方法，设置的悬念应具有“精”“新”“奇”的特点，在技巧上则应“引而不发”“令人深思”。

比如在教学“能被 2 整除的数”一课时，教师利用投影片让学生当场书写一些数，师生进行比赛，看谁最先判断出这些数能不能被 2 整除。学生跃跃欲试，但随着数位增加，数目增大，他们的判断会越来越慢。很自然，学生会想：教师用的什么诀窍，能被 2 整除的数到底有什么特征呢？教师抓住这一“火候”，启发导入，从而引起学生对新知识强烈的探究愿望，把学生带入广阔的数学天地。

五、利用故事，激发联想

针对小学生爱听有趣的奇闻异事的心理特点，在导入新课中，适当引入一些与教学内容有关的故事、寓言、典故、谜语、趣闻等，可以帮助学生开阔思维、丰富联想。

一上课，先听一段故事，学生非常乐意，并会立即被吸引。思考故事当中提出的问题，学生自然兴趣浓厚。通过故事设疑，激起了学生探求新知识的欲望，可使他们兴致勃勃地投入新知识的学习中去，变好奇心为浓厚的学习兴趣。这样的导入，既生动有趣，又蕴含着新知识，能激励学生积极主动学习，以与教学有关的趣闻、故事作为新知识的切入点，能帮助学生理解教材，为课堂教学铺下基石。

当然，导入的形式还远不止这些类型，关键是要掌握因人、因时、因地而变的法则，但是不管采用什么方式导入新课，都应当在传授知识、启迪智慧、陶冶情操等方面取得好的效果，做到生动有趣、引人入胜、言简意赅、有的放矢，尽量给学生审美情趣上的满足。

参考文献

[1]曹礼勇.浅析小学数学教学方法[J].南北桥,2017(22):104.

[2]曾小平,肖栋坡,肖春梅等.小学数学课程与教学论[M].北京:北京师范大学出版社,2015.

[3]曾小平.小学数学课程与教学[M].北京:中国人民大学出版社,2023.

[4]陈国伟.小学数学实用教学方法[M].北京:团结出版社,2018.

[5]陈晓霞.论小学数学教学方法[J].百科论坛电子杂志,2020(4):627.

[6]戴虎强.新课标背景下小学数学教学方法的创新及对策[J].科学咨询,2023(2):201—203.

[7]党喜爱.探究有效的小学数学教学方法[J].课堂内外·初中教研,2022(7):73—75.

[8]范文贵.高等院校小学教育专业教材小学数学教学论第3版[M].上海:华东师范大学出版社,2023.

[9]冯回祥.思维方法与数学教学思维方法在小学数学教学中的应用[M].武汉:华中科技大学出版社,2018.

[10]高丽.小学数学教学理论与实践[M].西安:陕西师范大学出版总社有限公司,2014.

[11]贵美玲.探究新课改下小学数学教学方法的创新[J].教育艺术,2023(7):36.

[12]胡乃莉.论小学数学教学方法[J].软件(教育现代化)(电子版),2016(7):239—239.

[13]邝儒军.小学数学教学方法创新与研究[M].长春:吉林人民出版社,2022.

[14]李建华.小学数学教学方法之我见[J].南北桥,2017(12):89.

[15]李小航.小学数学实用教学概论[M].沈阳:辽宁大学出版社,2014.

[16]李中杰.小学数学教学实践多视角研究[M].长春:吉林人民出版社,2022.
[17]刘久成.高等学校小学教育专业教材小学数学课程与教学第3版[M].南京:南京大学出版社,2023.
[18]刘雪花.刍议小学数学教学方法[J].南北桥,2019(15):100.
[19]刘占双.小学数学教学中思想方法的实施策略[M].长春:东北师范大学出版社,2021.
[20]陆福斌.小学数学教学方法探究[J].南北桥,2017(3):73.
[21]秦巧玲.小学数学教学方法探讨[J].南北桥,2019(24):158.
[22]曲冬梅.小学数学思维创新与教学方法研究[M].成都:电子科技大学出版社,2018.
[23]石佳.小学数学教学方法探讨[J].南北桥,2021(4):156.
[24]宋春芝.小学数学教学方法与策略探究[M].吉林出版集团股份有限公司,2021.
[25]苏新富,李小航,刘兆宗.小学数学课程与教学双色[M].镇江:江苏大学出版社,2020.
[26]王国强.小学课堂教学的创新方法与技术研究[M].北京:中国纺织出版社,2023.
[27]王国武,高玉成,杨秀丽.小学数学课堂有效教学方法的实践研究[M].延吉:延边大学出版社,2018.
[28]王俊菊.小学数学课堂有效教学研究[M].成都:电子科技大学出版社,2015.
[29]王利彬.小学数学教学研究[M].北京:团结出版社,2020.
[30]王卫卫.小学数学教学方法探讨[J].课堂内外(小学教研),2021(10):83.
[31]王晓燕.小学数学教学方法与探究[M].成都:电子科技大学出版社,2015.
[32]王永彬.小学数学教学方法之我见[J].新课程·上旬,2017(4):157.
[33]王永春.小学数学思想方法解读及教学案例[M].上海:华东师范大

学出版社，2017.
[34]徐文彬，侯正海，彭亮，等.新理念·新实践教师教育精品教材小学数学教学方法[M].北京：教育科学出版社，2017.
[35]许福兰.新课标背景下小学数学教学改革思路[M].北京：中国言实出版社，2023.
[36]晏清祥.小学数学教学方法探讨[J].南北桥，2021(22)：133—135.
[37]杨超华.小学数学教学方法探讨[J].百科论坛电子杂志，2020(14)：419.
[38]杨海鹏.小学数学教学技能研究[M].开封：河南大学出版社，2015.
[39]杨慧.略谈小学数学教学方法[J].考试周刊，2016(34)：72.
[40]姚冬梅，陈远刚.基于数学思想方法的小学数学教学[M].北京：民主与建设出版社，2022.
[41]叶晓红，宋霞，雍淑梅.教学方法是解决问题的手段以小学数学教学为例[M].长春：吉林出版集团股份有限公司，2021.
[42]赵科利，章辉，太静.小学数学教学改革实践与研究[M].长春：吉林人民出版社，2018.
[43]赵瑛.小学数学教学方法探讨[J].考试周刊，2017(92)：123.
[44]周林.小学数学教学方法探讨[J].南北桥，2020(24)：200.
[45]周淑平.小学数学教学方法探讨[J].文渊(小学版)，2020(7)：862.